JN069711

見て、聞いて、触って、動いて
多感覚で楽しむ

ストーリーテリング

―心豊かな学びと支援―

編著

有働眞理子　高野美由紀　光藤由美子

ジアース教育新社

はじめに

　3年を超えて続いたパンデミックの影響を今なお受けつつも、当該感染症の医療上の位置付けが変わったことを受けて、世の中が徐々に平常化し、自由に活動できる暮らしが回復しつつあります。対面活動が久々に復活し、失って知った当たり前の暮らしのありがたさをかみしめる日々ですが、そのような中で私たちは本書を世に送り出す出発点に漸く辿り着くことができました。

　本書の編著者は、医学を専門とする特別支援教育の研究者である高野美由紀（たかの・みゆき）、言語学を背景とする言語教育の研究者である有働眞理子（うどう・まりこ）、英文学研究の背景を持つプロ並みの語り手である光藤由美子（みつどう・ゆみこ）の3人です。この幸運な出会いには心から感謝せずにはおれません。思えば20年近く前に重度知的障害児の親である有働が小児科医である高野と出会い、知的障害児・者に関する教育・療育や言語能力育成の話を公私ともに始めたのが、2人が研究活動を始めるきっかけとなりました。その後本書の第2章で描かれているように、オノマトペに関心を持ち、特別支援教育の現場に足を運んで、どのような関わり方がコミュニケーションを促進するのかについて一緒に考えてきました。その辺りの事情は、第2章の他に「ことばと音楽 de 支援」[1]「ストーリーテリングで特別支援」[2] というサイトにも書かれています。

　8年前の新緑の季節に、学会他でご縁のあったスピーチセラピストでもあるストーリーテラー Nicola Grove（ニコラ・グロウブ）をワークショップのリーダーとしてお招きしました。Nicola を通して知り合った語り手が光藤由美子であり、この素晴らしい日英2人の語り手の薫陶を受けながら、教育大学教員の2人がストーリーテリングを学ぶ場と機会を作ってきたという経緯です。開催者の私たちにとりましても毎回「楽しい」の一言に尽きる経験でしたし、参加者の皆様も満足した明るい表情で会場を後にされていたのが印象的でした。

1　ことばと音楽 de 支援（現在更新停止中）http://mucollabo.jp
2　ストーリーテリングで特別支援 研究会　https://www.msst-for-all.com

特別支援教育にストーリーテリングをうまく導入できないかという思いが膨らんでいったのは、そういった学びの場でお話を聞く楽しさを自分たちが経験したからでした。子供たちにもぜひ経験してほしい、お話の面白さ・楽しさを共有する喜びを教室で子供たちと先生たちが知って、毎日の学校生活に彩りが加わればどんなに素敵だろうか、卒業後も長く続いていく人生においてお話を聞く楽しみが時々あって周囲と交流できたら、障害があっても対話性豊かな人間らしい日々を送れるのではないか、お話を通してインクルーシブな社会が少しでも魅力的な形で形成できるのではないか等々、障害児・者の人生が幸せで豊かであってほしいという切なる願いを込めて、ストーリーテリングという活動がどのようなものであるか、そしてどのように実践すれば良いかをわかりやすく伝える書籍を、興味のある人々の手元にお届けしてストーリーテリング活動を広めたいと思ったのが、本書出版の動機です。

　語りの専門家による指南書は、著名な語り手によっていくつも個性的なもの、有益なものが出版されています。私たちのワークショップにもお招きし、大変魅力的な実践を目の当たりにしました。しかしながらそのような熟練者の技は、憧れつつも一朝一夕に身につけることは難しいので、初心者でも知識とスキルを身につけられるように、基本的な内容を伝えることを本書では目指しました。そして研究者としての立場から、楽しい、面白いと「受け」の良い活動を教育現場で取り組むに際しては、それがなぜ良いのか、どのような発達的意味や教育的意義があるのかなど、学術性を理解しておく必要があると考え、第1部でストーリーテリング活動を評価する理論的背景について語ることにしました。

　次に、学校で実践した実例を知れば現場で働く人々の参考になると考え、第2部で現職教員・教育実践者が自ら企画して経験した教育現場におけるストーリーテリングの実践事例をご紹介することにしました。実践者の人選に関しては、前段で述べた「切なる願い」を私たちと共有し、それぞれの領域で熱意を持って教育実践を展開する才能豊かな先生たちを見つけ、執筆をお願いしました。執筆者は、川浪幸子（かわなみ・ゆきこ）、武田博子（たけだ・ひろこ）、林奈津美（はやし・なつみ）、光藤百合子（みつふじ・ゆりこ）、箕浦伸子（みのうら・のぶこ）（五十音順、敬称略）の5人となりまし

た。実践自体がそもそも興味深い上に、研究の素養もある教育実践者としての振り返りは、教育に関わる数多くの方々の参考になるのではないかと思います。お読みくださり、読後の感想やご意見があれば、ぜひお寄せください。

　ストーリーテリングに挑戦してみたい人にとって有用な情報として、どのようなお話があって、それらはどのような実践に向いているか、数多くのお話の中で取り組みやすいものを精選し、第3部において紙数の制限のなかで可能な限り詳しく解説しました。類型化・整理したので、わかりやすい「お話ナビ」とも言うべき内容になっているかと思います。さらに、探したり選んだりする負担を最小にするため、すぐ使えるお話を8つ選び、「お話集」として巻末に付録としてつけました。日本語版と英語版とありますので、外国語教育にも活用できますし、場合によっては学校に出入りするALTに実演してもらうことも可能かと思います。

　最後になりましたが、最も大切なこととして感謝の気持ちを、本書の出版を可能にして助けてくださったジアース教育新社の加藤勝博社長を筆頭に、春原雅彦さんをはじめ編集の皆様に、心からお伝えしたいと思います。実は、上記で述べたように何年もかけて一生懸命努力をしてきたにもかかわらず、なかなか着手してくださる出版社に出会えず、自費出版もやむなしと覚悟し始めた頃に、加藤社長がお声をかけてくださったのでした。神戸のワークショップにも東京から足を運ばれ、ストーリーテリング活動の趣旨に賛同してくださったことに感激しました。特別支援教育のための書籍刊行に情熱を持って取り組まれている出版社とのご縁に、執筆者一同、感謝の気持ちでいっぱいです。また、美術教育専門家である福本謹一兵庫教育大学名誉教授（元副学長）が手を差し伸べて下さったおかげで、お洒落で趣のあるデザインの表紙に仕上がりました。深く感謝申し上げます。

　ストーリーテリングはライフワークとして長く継続できる活動です。本書を読まれた皆様とともに、これからもお話のある世界の面白さを味わい、限りある人生を趣のある豊かなものにしていけたら幸せです。

令和5年秋
編著者代表　有働眞理子

目　次

はじめに ……………………………………………………………………………… 3

第 1 部　実践の背景：ストーリーテリングによる学びと育ち

第 1 章　ストーリーテリングの普遍性 …………………………… 8

第 2 章　多感覚に訴えるお話を共に楽しむ大切さに気付く道のり ……… 18

第 3 章　発達の視点からみた障害のある子供との語り ……………… 28

第 4 章　ことばの力を育てるために ……………………………… 37

第 5 章　ストーリーテリングでインクルーシブ教育を目指す …………… 49

第 2 部　教育における実践事例

第 6 章　特別支援学校小学部での実践
　　　　―「世界一おいしい野菜スープ」で食育― ……………… 60

第 7 章　特別支援学校高等部の自立活動での実践
　　　　―「モリー・ワッピィ」の語りとその後― ……………… 73

第 8 章　「高校通級」で活用できるお話の力 ……………………… 82

第 9 章　手話による読み聞かせと語り …………………………… 89

第10章　小学校外国語活動における実践
　　　　―「小さな子ガモ」― …………………………………… 98

第11章　自分の思いや考えを綴る（語る）活動
　　　　―「高校通級」での取り組み― ………………………… 109

第 3 部　あなたも語り手に！

第12章　始めてみよう
　　　　―言葉あそびとお薦めの小さいお話― ………………… 122

第13章　レパートリーを広げる
　　　　―繰り返しのあるお話、障害理解につながる様々なお話― … 130

第14章　お話のある心豊かな生活へ …………………………… 139

[付録]

　お話集 ……………………………………………………………… 145

第1部

実践の背景：ストーリーテリングによる学びと育ち

第1章

ストーリーテリングの普遍性

光藤　由美子

1. ストーリーテリングの始まり

　人間がお話することは、もとはと言え
ば、動物（例えば猫がニャーニャー、時
にはミャーオと鳴くこと）、鳥や虫が鳴く
ことに表現されている自然の命の営みと
同じように、人間の根幹的な活動であっ
たと思われます。

　ただ人間には、単なる本能よりも高度
な経験の積み重ねがあり、言葉はその知恵をもとにして発展していきます。当初
労働のリズムを合わせる素朴な歌であったり、自画自賛の即興歌であったりした
と考えられます。それが一人称から三人称の物語にうつる過程を経て、英雄物語
や神話の始まりになっていきます。歴史的記録を残すことが求められるようにな
ると、才能のあるものが職業として「語部」となります。祈祷や宗教と密接につ
ながり、そして話が誇張され理想化され、また人を楽しませる芸術的語りへと発
展していきます。『ストーリーテラーへの道』にその歴史が述べられています。

　ここで、具体例を見てみたいと思います。ネイティヴ・アメリカンの口承史
『一万年の旅路』という本には、人間には歩く民と留まる民がいて、物語ははる
か一万年以上も前、一族が長らくいたアジアの地を旅立つところから始まりま
す。ベーリング海峡が陸続きだったころ、何世代にもわたり、ユーラシア大陸
から、アメリカ大陸まで歩いた人々の口伝えの物語で、どの世代にもぶつかる
問題を様々にたとえて書かれています。一万年前の、歩くことが人生全てだっ
た何世代にもわたる人たちの物語を私たちが今、手にして読むことのできる不
思議さ—歩くという行為は、ものを必要最低限しか持たない生活を強いるので、

その結果、記憶に留める技を発達させたのではないかと考えられます。この著者は、いにしえの知恵を語り継ぐ任務を負った父親からその言語で物語を受け継ぎ、1993年英語に翻訳して出版しました。それまで、口承でずっと何世代にもわたって伝えられてきたのだから、驚きという他ありません。口伝えという原始的なやり方で、歴史を伝えてきた語部の役割は遠い昔に終わってしまったと思っていましたが、そうではなかったという事実に驚嘆せざるを得ません。語るという行為は、声とともに消え去り、その時にしか存在しないものです。それを聴いた人は心に刻み込み、次の世代へ伝えていきます。それは、地球の大地を一歩一歩、歩くのと同じような絶え間ない、気の遠くなるような行為の積み重ねによって、現在まで伝えられてきたものです。それは、目に見えない人類の遺産のようにも思えます。

　私たちが今手にする、世界の昔話、民話、伝説、神話などを記した書物は、ついこの間まで、口から口へ音声で伝えられてきたものです。無文字文化として芸術が豊かに発展した跡かたが今も見られる、ケルト、アイヌ、アボリジニー、アフリカなど様々な文化地域があります。とはいえ、どこの国も書き言葉が使われる前に話し言葉があり、伝承の語りは、昔からどの国にもあった、本来の人間の行為でした。印刷技術という近代の機械文明が、ちまたにまで行き渡るようになって初めて、人類が失ってしまった口承文化の大事さに気が付き始めたようです。口承のお話には、言葉の音楽性、イメージの広がり、過去を生きた先人からの学び、物語の共有による人間関係の深まりといったストーリーテリングの持つ普遍的重要性があります。

　次に、プロのストーリーテラーとして活躍していた、イギリス、スコットランドの伝承の語り手、Duncan Williamson（ダンカン・ウィリアムソン，1928-2007）から学ぶことは大きいので、その生涯を紹介します。ダンカンは、移動部族としてテントで生まれ、人生の大半、スコットランド中を旅してまわり、鋳掛屋、

1999年7月ウェールズのストーリーテリング・フェスティバルで、筆者とダンカン・ウィリアムソン

籐やヒース工芸、農作業などその土地土地で、様々な需要に応じて、様々な仕事をしてきました。テントとともに移動する、電気のない生活は、子供も大人もお話を語り合うことが唯一の娯楽でした。兄弟姉妹が16人、ダンカンはそのうちの7番目で、冬の寒い夜には、日照時間が一番短い日で3、4時間しかなく、20時間以上、暗い中で過ごすのでした。ろうそくや焚火で明かりや暖を取っていましたが、非常に煙たく、こんな大家族が静かに過ごすには、いったいどうすればいいでしょうか？それは、話を語ることしかなかったのでした。祖父母や叔父、叔母、両親は、話が上手で、若い時にあちこちへ旅をして、語る話がたくさんありました。ダンカンの父親は、大昔の長い物語の一部分をある夜語り、その次の夜も、その次の夜にも、少しずつ続きを語るのでした。子供たちは、話の続きを聞くためには、薪を集めたり、水を汲んだり、伝言をもっていったりなど、働かなければなりませんでした。そして、誰も本に収められた話には見向きもしませんでした。それはほとんど読むことができなかったからで、自然に物語は家族を通じて引き継がれるようになりました。小人や鬼どもの話、誘拐魔、魔法や魔法使い、悪魔、妖精ブルーイなど、ありとあらゆる種類の話があり、動物たちの話は、眠りにつくまでの子守にもなりました。ダンカンはそうした話を引き継ぎ、バラッド（物語歌）も含めて約2000話を語ると言われていました。ストーリーテラーとして長く語り続けたダンカンの話を、今やプロ、アマチュア問わず、世界の多くの語り手が引き継いで語り続けています。それは、ダンカンが残した言葉通りです。

〈これまで私が聞いた話は、私の心に残り、一生の間ずっと持ち続けてきたもので、子供たちに、そのまた子供たちにずっと手渡し続けられるものだ。子供に話を語ることは、子供の心に種をまくこと。私がこの世からいなくなっても、どの種かわからないけれど、芽が出て、葉が茂り、花が咲き、実がなり、その種がどこかへ運ばれ、誰かの心にまかれる。これまで語り伝えられてきたように、いい話は生き続けていく。〉

　このようにしてお話を語ることで、昔の人々の生きる知恵とともに様々な感情（人間としても怒り、悲しみ、驚き、喜び、渇望、安心、恐れ、嫉妬、共感、憧れ等々）や想いが現在に生きる私たちに受け継がれていると考えられます。

２．ストーリーテリングの広がり

　日本のストーリーテリングは、子供たちを読書に導く有効な手だてとして、1970 年代に（現）東京子供図書館 [3] 中心に始まり、図書館や全国至る所にある家庭文庫やおはなし会で広がっていきました。1977 年、人と人、心と心をつなぐ語りや民話の語りを重視した、語り手たちの会 [4] が発足しました。子供たちを読書の楽しみに導くために、また伝承の語りを引き継ぐために、また豊かな心を育むためにその他様々な理由で、子供対象のおはなし会の活動が全国津々浦々で行われるようになりました。また、映像文化の影響で伝承の語りが失われつつあり、その保存のため聞き書きが積極的に行われ、各地方の民話伝説が本に収められていきました。

　現在、お話の語り手は、図書館、小学校、中高学校、幼稚園、保育園、子育て支援、学童クラブ、お年寄りのデイケアセンター、地域の様々な施設など、あらゆる年齢層におはなし会を届けに行くようになってきています。また、観光客対象に、駅や城などの観光名所、旅館などでも、方言で昔話が語られ、次の世代へと引き継がれている様子も見られるようにもなりました。

　イギリスやアメリカでは、プロのストーリーテラーがいて、フェスティバル [5] やコンサート会場で楽器を合間に奏でながら、語られ、大人が楽しむ芸術文化の一つとなっています。イギリスの各都市では、夜 8 時ごろから多くはパブ（居酒屋）で、ストーリーテリングの会があり、大人が楽しむ文化として定着しています。また、プレゼンテーションや癒し療法、企業研修にもストーリーテリングが利用されており、その効用は計り知れず、これからますます広がっていく可能性があります。一方で、現在私たちは、映像文化の大きな流れの中にいて、失いつつある、物語を語る力を取り戻す、懸命の努力が求められています。

3　東京子供図書館は子供の本と読書を専門とする私立の図書館で、【石井桃子のかつら文庫】、【土屋滋子のふたつの土屋児童文庫】、【松岡享子の松の実文庫】を母体として1974 年に設立。
　https://www.tcl.or.jp

4　語り手たちの会は、故櫻井美紀、現代表理事の片岡輝らによって 1977 年設立。
　https://www.katarite.com

5　イギリスのウェールズでは「Beyond the border」、イングランドでは「FATE」という語りのフェスティバルがあり、スコットランドにはストーリーテリングセンターもある。アメリカではジョーンズ・ボロで盛大なフェスティバルがある。近年アジアでも広がり、アジア語り手連盟（Federation of Asian Storytellers）が 2018 年設立され、アジアでも語りの祭典が開かれるようになった。

イングランドで行われる語りのフェスティバル「FATE」

3. ストーリーテリングの効用

　人間にとってお話とは何かを考えますと、切っても切れない不可分な関係にあることがわかります。伝えられてきた多くの昔話はもちろん、噂話にしろ、小説やドラマや映画にしろ、人はとにかく、物語を求めます。人が生きるということは、つまり、自分の人生の物語を作るということで、できるだけ多くの人生を参考にしようとするからなのでしょう。また、自分が体験した喜び、悲しみ、怒りなどの感情を人と分かち合いたいという想いもあります。昔話は、特定の個人が創作したものではなく、長い年月民衆の間で口伝えされてきたものなので、価値観の多様性が見られます。話すということは、人間の自然な行為であり、人の話を記憶に留めておき、それを再現して語るということが、長い人類の歴史で繰り返されてきたからこそ、私たちが今お話を享受できるのです。お話を語ることは、聞き、記憶し、語る能力を鍛えることができます。また、想像力や創造力、生きる力が養われます。人の話を取り込むことによって、自分ではない他を思いやることが自然に身について、いい人間関係が築かれていくことも期待できます。

　特に子供の成長には欠かせない重要な役割があります。昔話の多くは物語る視点が主人公を中心に展開しますので、主人公になりきって物語を受け止めます。つまり自分自身の経験のように、お話を深いところで受け止めることができます。昔話は3回の繰り返しが多いのですが、その単純さから、自然と予期する能力が育っていきます。昔話は、科学とは相いれないように考えられますが、法則的秩序や論理的思考を身につけることにもつながります。

　昔話研究者の小澤俊夫氏は、『昔話とは何か』の中で、たくさんの語り手の工夫によって獲得されてきた昔話の型に、子供の成長にとって大事な要素が含まれていると述べ、「未知のものと出会う喜び」と「既知のものとの再会の喜び」をあげています。また、発達途上の子供の脳にとって、昔話は筋が明快で繰り返し

があるため、予期する能力を獲得しやすく、さらにそれを説明するために、児童文学翻訳家の百々佑利子氏の理論を紹介しながら、予測とは違う方向に展開していくときに「道しるべ」を探すことが、子供の思考力の形成に大きな意味を持つことを示唆しているとしています。

　過去の人たちの様々な想いの詰まった昔話は、時代とともに場所に応じて変遷してきました。今や、私たちは本やネットを通して、世界の民話や伝説を読むことや動画で見ることもできます。しかし、何よりも子供にとっては、語ってあげる身近な大人がいるということが大切です。肉声で、目の前で語りかけることのインパクトの大きさは、比べることはできないでしょう。そこには、直接語りかけることによる、想いを共有したいという根本的な人間愛があります。

4．昔話の中の障害児・者

　ここで、障害児・者は昔話の中でどのように描かれてきたのか見てみたいと思います。イギリスのストーリーテラー、特に障害児・者への語りに経験豊富な、Nicola Grove（ニコラ・グロウブ）は、2011 年 7 月、障害を持っていると思われる人が笑いや勇気を運ぶ存在として描かれた民話を収集するために、日本に来ました。例えばイギリスの昔話「ものぐさジャック」と似たパターンの話です。世界中どこに行ってもこうした愚か者の話はありますが、日本には、そういう話が豊富にあることがわかりました。

> ### 「ものぐさジャック」のあらすじ
> 　怠け者のジャックは初めて働きに行き、その帰り駄賃を落としてしまいます。お金はポケットに入れるものだと母親に言われます。次の日牧場で働き、牛乳をもらい、牛乳の壺をポケットに入れようとしますが、こぼれてしまいます。このように母親に言われた通りのことをして、失敗を繰り返しますが、最後には、結婚して幸せになります。

　語り手たちの会主催で、ニコラ・グロウブの講演会の後、日本の語り手による「間抜けなジャック話日本版特集」として、「正直者」「茶栗柿」「鼻たれ小僧さま」「だんごどっこいしょ」「とんまな小僧さん」「ひとつ覚えの抜け作どん」「挨拶」「へっこき嫁」のお話が障害者自身の語りや人形を使った語りや二人語りや紙芝居など

様々な手法でありました[6]。

　また、藤田浩子著『馬鹿の鏡』には、馬鹿息子や馬鹿婿の話が集められており、福島弁の語り手である著者は、誰にも潜んでいるお互いの馬鹿を笑い合い、もっと恥をかき合って、そしてお互いが戒め合っていくことの大切さを学ぶ機会にしたいと述べています。こうして伝えられてきた昔からのたくさんの話の中に、障害を持った人々が数多く刻み込まれているということは、障害者がこれまでの長い歴史の中でずっと私たちの生活の一部であり続けてきたという証で、決して切り捨て排除する対象ではないことを示しています。こうした話が人々を笑わせ、勇気を与え、生きる力を生み出してきた、その陰に、障害者の存在があったということを私たちは、認識していくべきでしょう。仮に障害者が排除されてきた事実があったとしても、昔話の中に神様や英雄として刻まれていることは、人間の願いや想いがそこに込められており、それを引き出し、勇気づけていく材料にしていくことができます。

　お祭りでよく見かけるお面に、ひょっとこのお面があります。これもニコラからの問いかけで、その由来話を調べてみることになりました。一般的に、古代から火の番は、体が不自由な年寄か障害者が担っていたことから、「ひおとこ（火男）」――「ひょっとこ」と考えられ、「ひょっとこの由来話」[7]では、知的障害者をモデルにしていると考えられます。

ひょっとこの面

「ひょっとこの由来話」あらすじ
　少し頭のおめでたい、あったかい男に、何をやらしてもうまくいかなかったのですが、かまどの前で火を吹かせてみると、とても上手にできました。生涯その仕事をし続け、とうとう口がとんがってひん曲がったという話で、そのお面は、火伏せの神様として祀られ、広がったということです。

6　この会の末吉正子企画責任者は、「二人語り」や「三人語り・四人語り・クラス語り」など著作が多数あり、参加型ストーリーテリングを広げている。

7　『かたれ　やまんば　藤田浩子の語り　番外編1』（藤田浩子の語りを聞く会発行2004年）に掲載されていることを語り手たちの会の菅野智子が指摘した。

　他の由来話もあるようですが、ニコラは、この話を、障害を持っている人やその親御さんに紹介し、自己肯定感を育てる一助にしているということです。現在、間違いを起こすことが許されない、生きづらい世の中になっていますが、障害児者との共生を、こうした昔話や伝説からも学ぶことができるのではないかと考えられます。

　そんなふうにあたりを見回してみると、実話から発したものもあります。例えば、幸せや繁盛を呼び寄せると言われている福助人形は、江戸時代、実際にいた大頭の身体障害者（水頭症）をモデルにしているのが有力な説と考えられます。不具者（ふぐしゃ）をもじって福助（ふくすけ）となったとも言われています。

　繁盛のお守りとしてよく見かける人形の由来を学ぶと、障害者は、昔の話の中でばかりではなく、現在においても、縁起担ぎの一助になっていることがわかります。

福助人形

初め見世物として、扱われていましたが、ある武士の子供の遊び相手に買われて、その後、その家がとても栄えたそうです。そして、独り立ちをした福助は京都で焼物をはじめ、自分の容姿に模した焼物を売り出したのが始まりで、死後それが幸せや繁盛のお守りとして広がったとされています。

5. 障害児・者とストーリーテリング

　私たち人間は誰もが物語を聞くことは好きですし、また誰でも語る話を持っているものです。では、それはどのように実践されているのか、知的障害や重度の障害を持った人たちとの共生社会の中でどのように実現していくかを考えていきたいと思います。ニコラは、障害を持っている人たちが、物語を通して希望を持って生きていくことをめざして、障害を持っている人のための語りグループ、Open Story Tellers（オープン・ストーリー・テラーズ）[8] を設立しました。様々な感覚機能を使って物語を共有する手法、Multisensory Storytelling（マルチセ

8　https://www.openstorytellers.org.uk

ンソリー・ストーリーテリング）を発案し、実践しています。それは、見る、聴く、話す、匂う、触れるなどといった様々な感覚器官も利用してお話に参加し、立体的にお話を楽しむやり方です。

　具体的には、どの話をするかによって違いがありますが、繰り返しのある歌やリズムのある言葉あそびなどを導入にするといいでしょう。それは、長い昔話の中にある歌の場合もあります。お話の主人公や登場人物を整理して、具体物の用意をします。その背景のイメージを広げるために色布や紐や木など使うものを考えます。効果音になるような簡単な楽器、笛やカスタネットやマラカスや太鼓などを用意します。肝心なのは、語り手自身の声の調子や顔の表情、体の動きで表現することです。手遊び、あやとりやハンカチや新聞紙など小道具を使ったお話、紙芝居、タンデム（二人語り）の参加型など、なじみのあるものも含めて考えるといいでしょう。

　その導入には、まず障害のある子供たちや人たちの特性をよく見て生かすことが必要です。どの子にも特性はありますが、障害児・者は特に多様です。感情を見せる（声をあげる）、他人に反応する（まねる）、言葉以外の意志疎通ができる（ジェスチャー、表情、絵、感触など）、簡単な言葉を理解する、参加することに喜びを感じる、リズムのある言葉に反応する、音や楽器や歌が好きなど、個人個人様々に違った特性があることを鑑みて、語りに参加できるように工夫する必要があります。そうする中で子供たちは参加する方法を学び、積極的に言葉を発し、演じ、表現するようになります。このマルチセンソリー・ストーリーテリングは、誰もが楽しめるので、障害児健常児にかかわらず、普通クラスのおはなし会にも利用することができ、耳だけで聞くお話とともに、こうした参加しながら楽しむお話があってもいいでしょう。お話を聞き語ることで、抱えている問題を直接解決することにはならなくても、混沌としている状態を整理したり、解決への糸口を見つけたりなどの作用が期待できます。

参考文献

アンダーウッド, P（1995）『一万年の旅路』翔泳社、星川淳一訳

ビューラー, S（1999）『昔話と子供の空想』東京子供図書館、松岡享子編

小澤俊夫（2009）『改訂昔話とは何か』小澤昔話研究所

ソーヤー, R（1973）『ストーリーテラーへの道』日本図書館協会

藤田浩子（2004）『かたれ　やまんば　藤田浩子の語り　番外編1』藤田浩子の語りを聞く会

藤田浩子（2006）『馬鹿の鏡』　一声社

光藤由美子（2012a）「誰にも話す物語がある」『語りの世界第54号障害と語り』語り手たちの会

光藤由美子（2012b）『おはなしの帽子—イギリスおはなしの旅』創風社

Williamson,D（1989）'The Bearers of Inherited Traditions' *By word of Mouth*　Channel 4

第2章 多感覚に訴えるお話を共に楽しむ大切さに気付く道のり

高野　美由紀

　私たちはすべての子供にお話を届けたいと思いますが、特に、障害のある子供たちにはお話を語ってもらう機会を持って欲しい、多感覚に訴えるマルチセンソリー・ストーリーテリングを仲間と共に聞く場を持って欲しいと願っています。この章では、どうしてそう思うに至ったのか、自分たちの研究活動の経緯も交えて説明を試みたいと思います。

1. 障害のある子供へのことばかけとオノマトペ

　オノマトペということばをご存知でしょうか。生後9か月の赤ちゃんが机をパンパン叩く、鳥がピーチクパーチクさえずる、キラキラ光る、てくてく歩くの下線部は、音を模したり、様態をあらわすことばでオノマトペあるいは擬音語・擬態語と呼ばれます。音と意味につながりがあり理解しやすく、リズムやメロディーがあり、からだの動きに伴った発話がしやすく（きらきら星を歌う時のように「キラキラ」といいながら手を動かす）、感性に直接働きかけることばです。

　特別支援学校で先生が子供たちに話すことばを観察していると、オノマトペが登場するのですが、子供にわかるように伝えたい、具体的なやり方を教えたい、場を盛り上げたいと考えて使っているということが見えてきました（高野・有働, 2010 など）。そして、オノマトペを使って語りかけると子供たちの反応がいいこともわかってきました。また、ある特別支援学校小学部の重複障害学級では、オノマトペを含んだ詩（「ふるえるうた」（波瀬・谷川, 1986））の朗読を行っていましたが、詩の世界を視覚（ゼリーが揺れるのをみる、手や身体を震わせているのを見る）、聴覚（オノマトペ「ぷるぷる」「ぶるぶる」）、触覚（冷たいゼリーを触る）、振動覚（揺れるゼリーに触れる、手や身体を震わせられる）と運動（自分の体を震わせるように動かす）で体験し、その中で先生と寝たきりの子供とが感覚を通してお話を共有し、教員は子供の情動を鋭敏に感じ取り

共鳴する様子が観察できました（高野・有働，2011）。このような経験を経て、多感覚に訴えるお話（マルチセンソリー・ストーリーテリング）が障害児の教育やコミュニケーション支援の鍵になりうることをじわじわと確信していったのです。

　身辺自立を促すということが、障害児の支援の中でも重要なことになりますが、難しいこともあります。そこで、オノマトペを使っての歯みがき支援を考えました。お菓子大好きな女の子「キャサリン」、むし歯のもとの「ミュータンス」、歯を守る「はみがきマン」が登場し、オノマトペが沢山使われた「歯みがきソング 2013」を作り、「食べたらみがこう」と食後に歯をみがくことが大切であることを理解できるように努めました（有働・高野・梅谷，2014）。

はみがき シュッシュッ (シュッシュッ)
はみがき シュッシュッ (シュッシュッ)

たべたら みがこう (キュッキュッ)
ねるまえにも みがこう (ファーイ)
ひとつの はを いっぱい (シュッシュッ)
すみずみまで みがこ (シュッシュッ)

あさ ひる ばん (キュッキュッ)
おくちも すすごう (クチュクチュ・ペー)

ミュータンスが ないている
ミュータンスが にげていく

はみがき シュッシュッ (シュッシュッ)
はみがき シュッシュッ (シュッシュッ)
みんなの おやくそく
は～～ (すっきり～)

はみがき シュッシュッ (シュッシュッ)
みんなの おやくそく

たべたら みがこう (キュッキュッ)
みんなの おやくそく
はとはの あいだきれい (シー・ハー)
みんなの おやくそく

みがいて もらおう (ア～ン)
みんなの おやくそく (きもちい～)

ミュータンスが とんでいく
くちの そとへ (たすけて～)

はみがき シュッシュッ (ぼくも)
みんなの おやくそく
はく いきさわやか

図 2-1. 左は「はみがきソング 2013」の歌詞、右は収録している DVD の表紙（非売品）

　特別支援学校で PTA が主催する会では、児童生徒、保護者、教員と一緒にミュージカルをしました。キャサリンがお菓子を食べ、歯を磨かずに寝た。すると、ミュータンスが活動を始め歯が痛み出した。そこで、はみがきマンが歯を磨きミュータンスを口から追い出したというお話と、歌で楽しみました。

2. オノマトペの少ない英語圏での
マルチセンソリー・ストーリーテリング

　ここまでオノマトペやオノマトペを含むお話が障害児の教育現場で効果的な関わりになることを見てきました。しかし、オノマトペということばは、日本語や韓国語には種類も豊富ですが、英語などのヨーロッパ言語には少ないといわれています。そうであれば、「英語圏ではオノマトペに代わるものがあるのか」という疑問が湧きます。そこで、英語圏であるイギリスにおいての実践を調べてみました。イギリスにも「マルチセンソリー・ストーリーテリング（Multisensory Storytelling, MSST）」というキーワードの障害者支援があることがわかりました。

　MSST は多感覚に訴えるお話の語りをするということですが、調べていくとイギリスには大きく分けて二つの MSST があることがわかりました。一つは、チャリティー団体の BagBooks[9] が行っている紙芝居タイプの MSST です。BagBooks では、MSST に使う紙芝居に近い本を作成することから語り手の養成や派遣までやっているのです。特別支援学校教員が、お昼休み時間に子供たちにお話を聞かせるために、その紙芝居のような教材を作って使ってみたところ、子供の反応がよかったそうです。そこで、障害の重い子供の学校での授業、余暇活動などに使えるよう、チャリティー団体で普及活動をすることになったのだそうです。お話はシンプルで、ことばはわかりやすくして、A3 サイズの厚紙 1 枚に一つの文章を対応させ、10 枚程度で一つのお話を構成するというものです。1 枚の厚紙にはそこの文章の内容を端的に伝える絵、あるいは物を貼り付けてあり、視覚（見る）、聴覚（音がなる）、触覚（触る）、嗅覚（香りがする）、運動（操作する）という要素をいくつか取り入れて多感覚にお話を示すことが基本になっています。数多くのお話があり、オンラインからも購入できるようになっています。「Lost in London（ロンドンで迷子）」というお話では、ロンドンで犬と散歩に出かけたところ犬が逃げ出したため、ロンドンの名所を探し回り、最後にハイドパークで

9　BagBooks　英国のチャリティー団体で、通常の絵本や本を楽しめない知的障害や重複障害がある児者のために、ページが綴じられていない紙芝居タイプのマルチセンソリーな本の出版、販売とそのストーリーテリングを提供しています。ロンドン南西部にあり、1993 年から活動しています。
　　http://www.bagbooks.org

再会するというお話です。お話を語る時の工夫として、1ページの文章を繰り返して聞かせ、語られる子供が見やすいところ、触りやすいところに該当ページを持って行き、しっかり見る、操作するなどができるようにして、子供が興味を持って楽しめるようにしていきます。BagBooksのスタッフに無理を言って日本のお話「京都で迷子（Lost in Kyoto）」を作ってもらいました。その1ページは右下の図です。祇園祭のページで、「四条通でケン（犬の名）を探してみました。祇園祭でたくさんの人がいます。」という文章に対して、山鉾を触ったり、山鉾の車輪を操作でき、右下の立体のボタンを押すと祇園祭のお囃子が流れます。

　著者は、BagBooksの語り手が特別支援学校で語る場面を観察させてもらったこともあります。重度重複障害の6人くらいのグループでいくつかのお話をするというセッションでした。子供たちはことばを話すことが難しいレベルの子がほとんどで、車椅子に乗ったまま活動している子供も複数いて、中には周囲からの刺激に対する反応が乏しい子供もいました。そこでも語り手は1ページずつお話をしていましたが、一人の子供の前で一つのページのお話をしたら、次は隣の子供に同じページのお話をして、それを全ての子供に行っていきました。そして、そのページが終わると次のページも同じように子供一人一人に順番にお話をしていくのです。そうすると、大変興味深いことに、

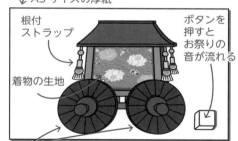

図 2-2.「京都で迷子」の祇園祭のページ
見て、聞いて、触って、動かして
楽しめるようになっている。

表 2-1. BagBooks MSST の集団活動での効果

● 笑顔が見られ、表情が豊かになる

● 自発性が増し、ページに触れようとする

● 感覚刺激による自傷行為が減る

● 期待して自分の番を待つ

● 他児の様子に注目する

子供たちの反応は最初はわかりにくかったのですが次第にはっきりと表れだしました。ページの絵や物をしっかり見る子供、語り手が別の子供に話をしているのを少し離れたところから見ている子供、自分の番を期待して待つ子供など、ページが進んでいくに従って徐々に児童が明確に応じており、教室全体でお話を共有し、楽しんでいると感じることができました。

　このBagBooksのMSSTは、イギリスだけでなくオランダなどでも行われています。また、スコットランドにあるPAMIS[10]という重度重複障害児・者への支援団体は、生活に必要なスキルを教えるために作成して、学校や家庭で使えるように貸し出しもしています。BagBooksのMSSTはとてもいい活動で日本でも同じようにできるといいと思いますが、紙芝居様のページを作成することが難しいところがあります。日本にも作成・販売・語りの活動をするような機関ができるといいと思います。

　もう一つのマルチセンソリー・ストーリーテリングが、ニコラ・グロウブが開発したストーリーテリングです（‘Learning to Tell’ とも呼ばれますが、この章では、ニコラ型MSSTと呼びます）。ニコラ型MSSTは第1章5節でも、4章やそれ以降でも触れていますが、小道具や音楽を使うことも多いですが、基本的には語り手が聞き手に対して語るストーリーテリングを基本としたものです。お話を聞くだけでは理解が難しい人にもわかるように聞く以外の見る、触る、動くなども含めて多感覚に提示していく語りです。また、アクティブリスニング、小道具の用意や語りの際に登場人物の台詞を言うなどの役割を担いお話への積極的な参加、貢献を促します。お話や登場人物を通して想像の中で多くの経験ができ、障害のある児者の生きるための知恵を身につけることにつながると推測できます。

3．障害のある児者との　　マルチセンソリー・ストーリーテリングの導入

　オノマトペを含んだことばかけやお話が、障害のある子供との対話に効果的であることから興味を持ったマルチセンソリー・ストーリーテリングですが、ゼミ

10　PAMIS　英国スコットランドにある重度重複障害児・者およびその家族、支援者を支援する団体で1992年から活動しています。ダンディー大学に拠点を置き、スコットランド全土に6つの事業所があります。
https://pamis.org.uk

に所属している大学院生の中にも小学校で絵本の読み聞かせや（マルチセンソリーではない）ストーリーテリングをしている方がいましたので、語っている学校にお邪魔してお話を聞かせて頂きました。さらに、色々なところでのお話語りの催しにも参加しました。その中で、昔話の語りを聞くことは、絵本の読み聞かせと同じく楽しい活動ですが、人から直接お話を聞くことに意味があり、人との関わりの中で、主人公・登場人物になりきって多くの経験を積んでいくことが大切なのではないかと考えるようになりました。

　ニコラが編著した、支援ニーズのある児者に行うストーリーテリングの書籍が2012 年に出版されましたが（Grove, 2012）、ニコラ型 MSST（書籍では 'Learning to Tell'）はオノマトペを含むお話のように理解しやすく、知的障害を持っていても楽しい活動にできることがわかりました。ニコラ型 MSST を小集団で行えば、コミュニティを形成することができ、自分はそのコミュニティに貢献できていると実感でき、大切な仲間を作ることができます。また、小集団でのニコラ型 MSST を継続していくことで、聞き手であるだけではなく語り手にもなっていきます。書籍を読んで、ニコラ型 MSST が具体的にどのように行われるのかを知りたくなりました。そこで、ニコラ型 MSST の理論的背景や語りの中での配慮について聞く機会を得たい、ニコラにストーリーテリングを実際にやってもらいたいと考えました。

　丁度イギリスにいた時にニコラにコンタクトを取ることができ、ニコラから自身が講師をしているワークショップを紹介してもらい、また光藤由美子さんがイ

表 2-2.　研究会の活動（2014 年度−2015 年度）

日付	講師等［題目］
2015 年 2 月	光藤由美子「障害児・者とつながるストーリーテリング」
2015 年 5 月	ニコラ・グロウブ「知的障害のある人と楽しむストーリーテリング　Nicola Grove セミナー＆ワークショップ」
2015 年 11 月	ビクトリア・ジョフィー「Vicky に学ぶナラティブ・インターベンション―物語を語る力を育成するプログラム―」
2016 年 2−3 月	ニコラ・グロウブの研究プロジェクト 'Heroes with a Difference'（ちょっと違ったヒーロー） ニコラ・グロウブ「ニコラと語るお昼の集い」

ギリスに来るタイミングでニコラのお家に誘ってもらいました。それらをきっかけとして、ニコラと光藤由美子さんにご協力頂いて、学校の先生方を主な対象とした研究会を持ち、特別支援教育の中でストーリーテリングを行うことについての実践的な研究プロジェクトを進めていくことになりました。研究会を「ストーリングで特別支援」と命名し、2015年2月を第1回目として年に2－3回程度研究会を開催することになりました。

　まず、ストーリーテリングとは何か、障害児・者に語ることでどのような効用が得られるのか、具体的にどのような語り方がなされているのかについて、関心のある教員と共に基本的なことを学ぶことから始めました。実際に光藤由美子さんが語る「背が高くなりたいネズミの話」「目が見えない男の話」などを聞き、「三枚のお札」を一部分覚えて語ることや、般若のお面（鬼ばば）やかまぼこサイズの板（お札）を用い、小道具を使った語りにもチャレンジしました。ニコラにも来日してもらい、ニコラ型 MSST の効用（表 2-3）、どのようにマルチセンソリーにして語るのかについて学び、「かぐや姫」のお話を MSST で語るにはどうすればいいのかをワークショップで試行錯誤しました。

表 2-3. ニコラ型 MSST の効用（研究会資料から抜粋した）

● 参加の仕方を学ぶ
● 楽しむことができる
● 自信やコミュニケーション能力を高める
● 自分たちの文化の中で大切なお話を共有する

　また、小学校、中学校特別支援学級や特別支援学校に一緒に行って、ニコラに「ひょっとこの由来」「ものぐさジャック」「三枚のお札」「ストーンスープ」を児童生徒に語ってもらいました。英語での語りですので、日本語の解説を入れながら語ってもらいました。

　ビクトリア・ジョフィー（以下、ビッキーと呼びます）は、英国のスピーチ・ラングイッジ・セラピスト（SLT）で、大学副学長でもあり、言語・コミュニケーションニーズのある中高生へのナラティブ・インターベンション・プログラム（NIP）を開発・実践しています。そのビッキーを日本に招いて、講演やワークショップを行いました。ナラティブ（語り、時間的・意味的なつながりのある一連の発話）

の発達を促す活動は、楽しく取り組むことができ、小集団で行った場合には単に言語・コミュニケーション力の向上につながるだけではなく、仲間との学び合いにより、学力の向上、友達関係の形成、自己理解やいじめなどに抗う力の育成などが期待できることを教えてもらいました。

　2016 年度からは、自分たちがそれぞれの立場で取り組んできたことを研究会で共有していきました。特別支援学校や高等学校通級による指導、小学校での外国語活動などは、6 章以降を参照してください。学校だけではなく、療育場面で行った事例、ろう者のストーリーテリングの特徴分析を聞き、絵本の読み聞かせとストーリーテリングの相違点を体験する保育士養成過程での授業なども紹介してもらいました。また、マルチセンソリーに語ることについて、インクルーシブな保育現場で語る語り手にも語ってもらい、小道具を使った語りもやってもらいました。パネルシアターでの語りや作り方も学び、紙芝居も語ってもらいワークショップ形式で練習もしました。

　まじめにストーリーテリングに取り組みながら、私たちが楽しく学べていることに気付き、さらに広めていくことができればいいのではないかと考えるようになり、大学でストーリーテリングの講義も行いました。

　ニコラやビッキーが障害のある児童生徒に英語でストーリーテリングを語り、必要なところを日本語で解説するということをやっていくなかで、障害児にとっての英語についても考えるようになりました。知的障害等で言語・コミュニケーションに困難がある児童生徒にとって、ストーリーテリングを取り入れることで英語も楽しめるのではないか、知的障害等のある児童にとっては、英語が日本語よりも他の児童生徒との能力格差が少なく、自信をもって学べるのではないかということにも思いを馳せるようになりました。

表 2-4. 研究会の活動（2016 年度－2022 年度）

日付	講師等「題目」
2016 年 5 月	梅谷浩子、有働眞理子、高野美由紀他「知的障害のある子どもとストーリーテリングをやってみよう！」
2017 年 2 月	林奈津美、武田博子、川浪幸子、隅田伸子、光藤由美子他「学びのストーリーテリング」
2017 年 6 月	光藤由美子「マルチセンソリー・ストーリーテリングのワークショップ―主体的・対話的、身体的に、共に、深く学ぶ―」
2017 年 11 月	藤田浩子「障害のある子もない子も先生も楽しくゆかいなお話語り」
2018 年 2 月	石井弘佐代「お話し・絵本の世界で支援する」 小澤俊夫「昔話の音楽的性質」
2018 年 7 月	光藤由美子、光藤百合子他「語りのサマースクール」
2018 年 10 月	末吉正子「お話とあそぼう」
2019 年 2 月	古茂田貴子「お話を語ること―保育現場の視点から―」、「お話を作って語ってみよう」
2019 年 8 月	山下佳世子「Jolly Music でつくる街！」
2019 年 11 月	ニコラ・グロウブ「ニコラから学ぶストーリーテリング」
2020 年 2 月	野間成之、光藤由美子「おはなしと紙芝居―楽しませる技へのチャレンジ―」
2021 年 7 月	ニコラ・グロウブ、光藤由美子「マルチセンソリー・ストーリーテリングのスキルを学び実践につなげよう」
2022 年 2 月	荒木文子「エンジョイ！みんなのストーリーテリング」
2022 年 7 月	大島秀子「そこにあるストーリーに出会い、楽しもう―インプロ・マインドを通して―」
2022 年 9 月	大竹麗子「障害の子供たちが喜ぶ！言葉の世界・お話・言葉遊び・手遊び他」
2023 年 2 月	光藤百合子、光藤由美子『世界一おいしい野菜スープ』で食育―ICT も活用した実践の紹介―」

4. まとめ

　マルチセンソリーな表現を用いた知的障害等障害のある子供への教育や支援を考えながら研究をする中で、英国にある BagBooks やニコラの MSST に出会いました。そして、これらの MSST がことば・コミュニケーションの発達を促し、仲間作り、自分の文化を理解するのに役立つこと、また、ビッキーのナラティブの介入のように、お話を聞くだけでなく語る活動につなげることができ、自信をつけ自己理解が深まることもわかりました。

　さらに、日本にある紙芝居、小道具を使ったストーリーテリング、パネルシアターを改めて見つめると、日本にはお話し語りの土台はしっかりあり、MSST の効用とともに、具体的な方法や、楽しさを広めることが大切であることが見えてきました。

参考文献

Grove,N.（ed）（2012）Using Storytelling to Support Children and Adults with Special Needs, Routledge.

波瀬満子, 谷川俊太郎 (1986) あたしのあ　あなたのア―ことばが生まれるまで―. 太郎次郎社エディタス.

高野美由紀, 有働眞理子 (2010) 養護学校の教師発話に含まれるオノマトペの教育的効果. 特殊教育学研究, 48 (2), 75-84.

高野美由紀, 有働眞理子 (2011) 特別支援学校における教師と児童のインタラクション―重複障害学級における児童の反応に応じる教師発話・表現の分析. 兵庫教育大学研究紀要, 39, 59-66.

有働眞理子, 高野美由紀, 梅谷浩子 (2014) DVD『はみがきソング 2014』～楽しい歯磨き・支援を願って～.（科研費補助金 23520462 成果物、非売品）

第3章 発達の視点からみた障害のある子供との語り

ニコラ・グロウブ、高野　美由紀、光藤　由美子、有働　眞理子

1．ストーリーテリングと障害のある子供への指導・支援

　知的障害など特別な教育的ニーズのある子供たちの指導・支援をしていく際に、障害特性をふまえて指導・支援を計画していきますが、指導・支援を計画するための理論的枠組みを理解しておくことが望まれます。この章では、乳幼児の発達や学習に関連する知見を紹介し、ストーリーテリングは、乳幼児の発達を促し学習しやすい要素を持ち合わせており、障害のある子供の指導・支援にも適していることを示したいと思います。ここでいうストーリーテリングでは、朗読や読み聞かせをするのではなく、語り手が子供たちの理解や反応に合わせて語り方を工夫し、子供たちが参加できる場面を作り、一緒にお話を創り出していきます。語り手と聞き手のインタラクションが活発にある点が、絵本の読み聞かせやお話を動画でみることとは違っています。

　本題に入る前に、障害がその子供の学習にどう影響するのか理解しておく必要があります。障害のある子供は、遺伝子異常などの病理的背景から聴覚や認知機能、言語機能などの障害（機能障害 impairment）を持っていて、それが人の話を理解することが難しいなどの活動制限（能力障害 disability）を引き起こし、お話の活動が楽しめないなど参加制約（社会的不利 handicap）となるかもしれません。しかし、活動制限や参加制約は社会が限界を設定してしまうこと（社会的障壁）で作りだされるものなのです。この考えは、「障害の社会モデル」として知られています。そしてこれは、障害のある子供にもわかるように語り方を工夫するなど、障害のある人が活動しやすく参加できるように様々に環境を整備することで、その人にとって社会的障壁をなくし、「できない」を「できる」に変えられることを示しています。図 3-1 は、WHO が提唱する ICF ですが、その人に合った環境因子にしていくことで、活動制限や参加制約を減らしていくことが

できることを示しています。

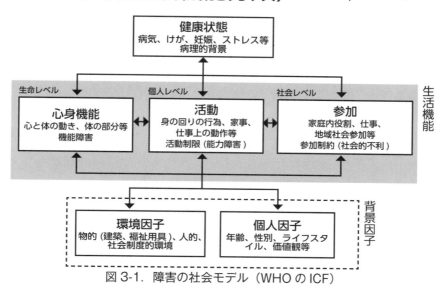

ICF（国際生活機能分類）（WHO, 2001）

図 3-1. 障害の社会モデル（WHO の ICF）

　子供の学習に、その子供の病理的背景や機能障害が影響するのはもちろんです。その認識のもと、①子供の「支援ニーズ」と「強み」が何かを見極めるということ、②子供に関わる人がその「支援ニーズ」に応じ、「強み」を引き出すためにどのような援助が出来るかということ、③子供にとって学びやすい環境をどのように整えるかということの三つについて考える必要があります。

　表 3-1 は障害のある子供がストーリーテリングに参加するときによくみられる支援ニーズと強みです。一人の子供に全てが当てはまるというのではなく、多くの子供にいくつかのことが当てはまるというものですが、表を参考にしてその子

表 3-1. ストーリーテリングにおける障害のある子供の支援ニーズと強み

支援ニーズ	強み
・ 感覚、認知、言語に制約がある ・ 注意が向けにくい ・ 理解が難しい ・ 情報処理が滞る ・ 自尊感情が低い	・ 声、語調、ジェスチャーに反応する ・ 場の雰囲気や感情を察知する ・ 物語の筋から重要な言葉を理解できることもある ・ 様々なやり方でお話に参加できる

供の支援ニーズと強みを見極め、支援の手立てを計画し、実際にやってみて、反応を見て修正するということが求められます。

　また、ノーウィッチが指摘しているように、教育上の支援ニーズは、いくつかのニーズに整理されます（Norwich, 1996）。成長していく全ての子供と同じニーズを持っており、愛や思いやり、庇護されること、想像することや刺激を得ることなどを必要としています。そして、例えば、エネルギッシュで飛んだり跳ねたりすることをこよなく愛する子供もいれば、物静かで穏やかなことを望む子供もおり、障害の有無にかかわらずそれぞれが個別のニーズを持つ存在でもあります。そして、障害がある場合には、これらのニーズに加えて、特定の機能障害等により必要となるニーズも持っています。すなわち、障害のある子供たちは、成長期の全ての子供が持つ共通するニーズと個人固有のニーズに加えて、障害ゆえのニーズもいくらか併せ持っています（図3-2）。

　ストーリーテリングは、全ての子供たちにとって重要です。お話を通して、子供たちは想像力を発達させ、様々な境遇を理解することができるようになります。これまでの研究から、ストーリーテリングは、子供たちの言語理解を助け、創造性、読み書き能力を発達させることがわかってきました（Isbell et. al, 2004）。

　そして、特別なニーズを持つ子供たちにとっても、他の子供たちと同じくストーリーテリングは重要です（Grove, 2013）。それは、子供たちに直接お話を語りかけるという行為が、発達が幼い子供にとって重要なテクニックをたくさん使っているからです。そのことによって、子供の言語の発達、注意力や理解力や記憶力の向上を促すことができます。

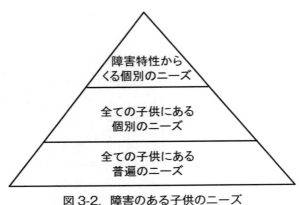

図3-2. 障害のある子供のニーズ

２．知的障害のある子供の学びとは

　知的障害があり、注意力、理解力やコミュニケーションに課題がある子供の学習は、子供の発達や学習に関連する理論に基づいて考えることができます。そして、発達や学習に関連する理論のいくつかはストーリーテリング、特に昔話をマルチセンソリーに語ることと関連があり、昔話のマルチセンソリー・ストーリーテリングは知的障害のある子供たちが学習しやすい特徴を兼ね備えたものであると私たちは考えています。

　そこで、関連する学習の理論を紹介し、ストーリーテリングのどのようなところと合致しているかを説明していきます。

表 3-2．子供の発達や学習に関連する理論

> 1．ニュートラルと興奮のサイクル
> 2．馴化、同化と調節
> 3．ワオ効果
> 4．発達の最近接領域、問題解決とその糸口
> 5．ことばの理解とコミュニケーション

（１）ニュートラルと興奮のサイクル

　大人との楽しい関わりでは、まず赤ちゃんは静かになります。そして、大人が注意を引き付けると、赤ちゃんはしっかり気が張った状態で大人を見ます。さらに大人と遊ぶことによって、赤ちゃんはどんどん興奮していきます。そこで赤ちゃんが興奮しすぎないように気持ちを落ち着かせていきます。赤ちゃんを楽しませる時に、大人は、赤ちゃんを「ニュートラルと興奮のサイクル」に導きます。つまり、赤ちゃんが静かな状態（ニュートラル）から、気が張った状態（アラート・ニュートラル）になり、その後にある程度興奮した状態に達したところで、また落ち着く（ニュートラルに戻る）ように大人が関わっているのです（図 3-3）。

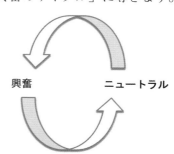

図 3-3．ニュートラルと興奮のサイクル

興奮　　　ニュートラル

このニュートラルと興奮のサイクルは、障害のある子供の学習やストーリーテリングにも適用することができます。ストーリーテリングでお話を始める時の聞き手の最適な状態は、「気が張ったニュートラル状態（alert neutral）」で、興味を持って聞き、関心を寄せるけれど、発奮しすぎたりしなさすぎたりする状態ではありません（Bloom,1996）。珍しいものに興味や注意が呼び覚まされますが、行き過ぎた興奮は負担が大きくなってしまうことに気を付けなければなりません。ニュートラル状態と気の張った興奮状態が交互に起こる周期にしていく必要があります。これは、実際ストーリーテリングによくある周期です。お話が語られる時には、ニュートラル状態から出発してわくわくしながらクライマックスに到達し、またニュートラル状態に戻り、ニュートラル状態と興奮状態を行きつ、戻りつして、最後には納得する結末に落ち着きます。

　マルチセンソリー・ストーリーテリングでは、語り方を工夫して、聞き手にニュートラル−興奮のサイクルがはっきりと現れるようにします。基本モードのナレーションでは、穏やかで心地よい語り口にして、ニュートラル状態にいる聞き手を、川の流れに乗せて運んでいくようにします。そしてお話が展開するところでは、語り手は声の大きさや速さを変え、抑揚をつけて、聞き手をある程度興奮した状態に連れていきます。例えば、かぐや姫の冒頭で、「むかしむかし、ある村におじいさんがいて、毎日竹を取りに行っては、夕方に帰ってきました。」と語るときは、穏やかに語り、聞き手がニュートラル状態になるようにします。しかし、「竹の根元が光っているのに気が付きました。」では、声のトーンを変え、ジェスチャーを付けて、聞き手の注意を引き付け、アラート・ニュートラルの状態にします。「竹を切ると、なんと」のところでは声の調子は大きく速くなり、少し間を置いて「小さな小さな女の子がいました」では盛り上がり、ある程度の興奮状態にします。その後、赤ん坊を連れて帰り、大事に育てて、かぐや姫がぐんぐん成長していくところは、ナレーション・モードで語り、聞き手がニュートラル状態に戻れるようにします。それから、求婚者に難題が出されるところで、再び興奮状態にいざないます。

（2）馴化、同化と調節
　学ぶということは、予想を可能にし、これまでの経験に適合する概念が形成されることを意味します。乳児は、馴染みのあるものよりも、初めての人やものや

出来事をより長く見ます。同じものを繰り返し見せると、ものに馴染んでいき、ものを見る時間が短くなりますが、その状況になることを馴化するといいます。乳児にものを見せて馴化するまで待って、その後に少し違ったものを見せると、乳児が違いを認識すればその違ったものを見る時間がまた長くなります。このように、馴化課題で乳児が違いを認識しているかどうか見極めることができるのです。知的障害を持つ子供の多くは、私たちが思う以上に情報を処理することに時間がかかります。出来事によくなじむ（馴化する）まで、より多く何度も繰り返す必要があります。

　ピアジェは、同化と調節という言葉を使って、乳児が新しい経験を既存の知識の枠組みに組み入れる（「これは以前に経験したものと同じだ」、同化）、また、新しい経験を取り込むために既存の知識を変化させる（「これは以前経験したものと同じではない」、調節）ことの道筋を説明しました（ピアジェ，2007）。

　馴化、同化と調節からの教育への基本的なメッセージは、発達の幼い子供の学習には、予想させるために「同じこと」すなわち、一貫性のある経験を十分繰り返すこと、そして、注目しやすく、また、変化を受け入れられるようになるためには「違うこと」も必要であるということです。昔話には繰り返しが多く「同じこと」がたくさんあり、また、予想をたてる、予想が覆る、新しい現実を受け入れなければならなくなるという過程があり「違うこと」も用意されているところから、昔話は知的障害のある子供の学習にも適した教材だと考えます。

　多くの昔話に見られるように、例えば「三匹のくま」や「三匹のこぶた」のどちらにも三回の繰り返しがあります。この反復パタンについては、脳がどのように情報を処理するのかと関連していて、ストーリーテラーでありニコラの友人であるジャネット・ダウリング[11]は、困難な課題や危険な出来事等が通常３回生じればパタン認識につながることが、物語で同じパタンが三回繰り返されることの背景にあると説明しています。一回目に起こった出来事が「何かが起こった」として脳に登録され、二回目の出来事で「体験」として認識が強化され、三回目には記憶されて「そんなことが前にもあった」という意識が生じるというプロセスです。さらに、聞き手は、記憶を基に話のさらなる展開を期待し始め、「次に何かが起こるに違いない」と予測することができるようになり、変化の可能性も受

11　ジャネット・ダウリン（Janet Dowling）は、英国の語り手であり、ソーシャル・ワーカーとして多様な人にお話を語っています。

け入れられるようになるというわけです（Dowling, 2013）。

（3）ワオ効果（Wow effect）

　新しいあるいは予期せぬ経験を処理するときに、脳の処理速度が突然速くなり刺激や興奮が起こりますが、これを「ワオ効果（Wow effect）」と呼びます。「ワオ（Wow）」とは何か刺激的なことや予期せぬことが起こった時に英語圏で用いられることばですが、昔話の中でいつも予期せぬ出来事が起こり、聞き手の脳の中で、この「ワオ効果」が起こります。物語が展開する時、予測が覆されて疑問や問題提起が起こり（？）、好奇心が高まります。それから脳の処理速度が速くなり、クライマックス（！）に達し、驚きが強くなるとともに「調節」が起こり、新たな洞察による物語の枠組みを組み替えます。そして、喜びや満足感につながる結末（＝）で終わります。図 3-4 にワオ効果のイメージ図を示します。

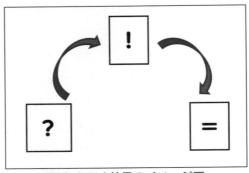

図 3-4 ワオ効果のイメージ図

（4）発達の最近接領域、問題解決とその糸口

　これまで見てきたように、毎日の習慣は子供が学習したことを確かなものにするために大変重要です。しかし、日常の決まり事のみをしていると、新たな学びはなくなってしまいます。ヴィゴツキーは、まだ成熟していなくて成熟中の段階にある過程、すなわち、1 人ではできないけれども、大人に手伝ってもらうとできることを子供の「発達の最近接領域」と呼んでいます（ヴィゴツキー，2001；ヴィゴツキー，2003）。最近接領域にある発達過程を成熟した発達に移行させていくことが教育に求められています。教員などの大人の指導や仲間との協働で問題解決していくことが、次の段階で子供自身が自主的に問題解決できることにつながりますが、親や教員が、手厚すぎない適量の手助けをすることがポイントに

なります。例えば、複雑なジグソーパズルをするときに、子供はすぐに自分で全部やるように求められたら挫折を感じるかもしれません。でも親がある程度仕上げて、わかりやすいところを残し、子供が見つけてピースをはめると、子供は達成感を持つことができます。次の時には、親はもう少し子供がはめるところを多く残し、その後も少しずつ子供自身がはめるところを増やしていきます。このような手助けが、子供が挑戦する機会を得て、勇気づけられながら解決の糸口を探し、子供が主体的に問題解決していくことにつながります。

　重度の障害を持つ子供たちは、学校生活で多くの毎日行うルーチンに取り組んでいますが、バーバーらは、毎日のルーチンを行う中でも、問題解決に取り組んでいける援助について述べています（Barber & Goldbar, 1998）。絵を描く道具を与えるときに、鉛筆の芯が折れているかもしれません。鉛筆削りや別の鉛筆を手の届くところから遠ざけておくと、子供は別の鉛筆や鉛筆を削ることを要求して、解決しようとします。要求を出すということはコミュニケーションの初期段階で大変重要ですが、子供が必要とするもの全てを与えないで、子供に要求を出すように仕向けます。

　ストーリーテリングでも、大人の援助のもとで、子供が探索し、想像し、問題解決を考える大切な機会にすることができます。そのためにはまず、お話を語る前に、子供の経験に関連するお話を選びます。昔話やお話には、問題がいくつも用意されており、聞き手と問題を共有し解決のためにどうするか、葛藤したり考えたりすることができます。その時、語り手は、間をとる、質問する、顔の表情や声の調子を変えるなどで子供の好奇心を刺激して、子供自身が問題解決に向かえるように促します。例えば、「桃太郎」では鬼が村を荒らしに来るという問題が起こりますが、「桃太郎は何ができる？」と子供たちにたずねます。「姥捨て山」では、お殿様から出されたなぞなぞを一緒に解いたりします。

参考文献

Barber,M. & Goldbart,J.（1998）Accounting for learning and failure to learn in people with profound and multiple disabilities. In Lacey,P. and Ouvry,C.（Eds）. People with profound and multiple learning disabilities: a collaborative approach to meeting complex needs. David Fulton. 102-116.

Bloom,L.（1996）The Trainsition from Infancy to Language: Acquiring the Power of Expression. Cambridge.

Dowling,J. (2013) Theraputic storytelling with children in need. In Grove,N. (Ed) (2013) Using Storytelling to Support Children and Adults with Special Needs: Transforming lives through telling tales. Taylor and Francis. 11-17.

Grove,N. (Ed) (2013) Using Storytelling to Support Children and Adults with Special Needs: Transforming lives through telling tales. Taylor and Francis.

Isbell,R., Sobol,J., Lindauer,L., Lowranc,A. (2004) The Effects of Storytelling and Story Reading on the Oral Language Complexity and Story Comprehension of Young Children. Early Childhood Education Journal, 32, 3, 157-163.

Norwich, B. (1996) Special needs education or education for all: connective specialisation and ideological impurity. British Journal of Special Education, 23, 100-104.

ピアジェ（著），中垣肇（訳）(2007) ピアジェに学ぶ認知発達の科学．北大路書房．

ヴィゴツキー（著），柴田義松（訳）(2001) 新訳版・思考と言語．新読書社．

ヴィゴツキー（著），土井 捷三・神谷 栄司（訳）(2003) 「発達の最近接領域」の理論—教授・学習過程における子供の発達．三学出版．

第**4**章

ことばの力を育てる
ために

有働　眞理子

1．物語の理解とことばの力

　前章までで物語と人間の関わりの深さや、子供の発達過程の特徴をふまえたお話の語り方や意味付け、それらを知るための筆者たちが辿った探究の足跡等について考察してきましたが、この章ではお話を伝えることばそのものに話の対象をしぼります。ことばというものが支援を必要とする人々に持つ重みをふまえ、ストーリーテリングがことばの力の育成に貢献する方法として強くお奨めできる活動であるということについて、なぜそう考えられるのか、どのように語ればより豊かなことばの学びにつながるのかを垣間見たいと思います。

　支援を必要とする、特に知的障害のある子供を養育する家族が最も気にかけるのは、家庭でも学校でも誤解による不利益をなるべく被らずに幸せに成長して欲しいということであると思いますが、そこでしばしば決め手となるのが本人の言語能力です。言われたことを理解すること、伝えたいことを適切に表出すること、そのどちらにも母語の言語知識が決定的な役割を果たします。例えば、定型発達とは異なる言動が観察され始めると、養育者は療育相談を受けながら行動上の適切な対応について学ぶと共に、就学に向けて知的発達上の判断を迫られることになります。障害判定のための知能検査等においては、課題に取り組むために検査実施者の発問の意味を理解することが必要であり、知的課題の成果以前に検査担当者とのやりとりが可能でなければならない状況に子供本人が置かれ、進路決定に影響を及ぼします。アセスメントの結果に基づいて日々の療育・教育の課題や方向、質が決められるので、やりとりのための言語能力は極めて重要な意味を持ちます。言語能力育成は、知的障害者本人だけでなく、共に生きる家族の悲願であると言っても過言ではありません。

　知的に支援が必要な人々のことばの力（言語能力）については、言語研究上の

知見が参考になることがあります。ストーリーテリング活動がいかに優れたことばの学びの方法であるかの一端を知るためにも、重要な点をいくつか確認しておきたいと思います。まず、ことばには、生得性と普遍性という特性があります。母語能力は意識せずに獲得され、獲得後は基本的に難なく駆使できるのが当たり前であるため、特別の能力だと認識されることはまずありません。私たちは気がついたらことばを自由に操ることができており、駆使できるにもかかわらず知識内容を詳しく説明することはできないという、極めて奇妙な「わかり方」によって母語を身につけています。世界中のどこで生を受けても、生育地のコミュニティで共有されている言語を、一定の年月をかけて、一定の獲得過程を経て、最終的に完成形として身につけるのですが、そこで「一定の」と表現したあり方には普遍性があるとする学説（生成文法理論）が有力です（ピンカー, 1995）。生まれてから就学するまでの幼児期には、見た目の可愛らしさとは裏腹に、ことばの骨組みを構築するための信じられないほど活発な言語獲得が進みます。しかも、獲得の歩みは、共有されるのではなく、生来の認知能力に合わせて自ら独自に進めていくものであり、強制的に覚え込ませることは決して賢明な対応にはなりません。定型発達であるか否かは関係なく、たとえ定形とは異なる発達の速度やパタンを示したとしても、どの子供も自力で母語獲得の道を進むのです（Smith & Wilson, 1979）。知的障害は生得性が保証されなかった結果のように見えますが、言語の生得性とは、定型言語発達の完成形の常時保証を必ずしも意味するものではなく、身体状況の変異や制約に応じて臨機応変に、今ある能力を最大限に活用して補って対応していく能力でもあると考えることができます。知的障害と同一視はできませんが、例えば失語症を抱える方々の方略的な言語運用の研究から、喪失や損傷に見えることに対して肯定的で前向きな解釈が可能であることがわかっています（久保田, 2007）。知的障害児・者にとっても同様で、ことばの力は適切な方法で育てていけるものであると信じ、諦めないことが肝要です。できないように見えるときでも、その子が持っている能力を駆使して工夫した結果であることもあります。健気な努力を受け入れる支援の姿勢は大切です。

　次に理解しておきたいのは言語知識の概要です。ことばの知識がどれほど複雑な体系であるかを垣間見ることは、障害の有無にかかわらず、子供の言語発達への敬意を持つ基盤となるという意味で重要です。　外国語学習者の誰もが経験する、母語とは異なる語彙知識や規則体系の習得の大変さを想起すれば、一つの言

語を獲得していくことが偉業であると理解できるはずですが、母語獲得に関してその認識を持てる人は多いとは言えない現実がありますので、ここで言語知識の仕組みを荒削りでも知っておきましょう。言語知識は言語学研究においては「文法」と表現されています。母語の文法は、生得的に備わっている能力が成長過程において一定の時期（臨界期）までに自然に獲得される知識・能力を意味します。ことばは、伝えたい＜意味＞が文の＜形＞を整えて、最終的に＜音＞によって表出されるものですので、文法はその三要素から構成されているとわかります。発話のパーツとしての語彙知識、語を句や文として構築させる可能な組み合わせについての統語知識、語や文の意味や発話解釈のプロセス、音韻規則体系等全てが、一つ一つ独自に、時には相互に関わり合いながら獲得されていきます。

　語彙獲得についての研究においては、日々の生活上の経験の一部として抽象的ではなく具体的である場合に子供は語の意味をより理解しやすいということが明らかになっています。細分化された表現が使えるようになる前に、まず基本的な語彙概念が習得されます。例えば、子供用の椅子と大人が使用する肘掛け椅子の違いがわかるには、「椅子」という基本的な家具類の概念の理解が前提になります。また、文構造の理解に関する研究を通して容易に予測されることではありますが、複雑な長い文よりも短い単文の理解が先に獲得されることがわかっています。そういった事情から、コミュニケーションに困難のある子供と話しをするときは、馴染みのある難しくない語彙を使った、短くて単純な文にしなくてはならないというのが、言語療法士から助言されるポイントの一つです。

　しかし、発話される表現をわかりやすい形にする工夫だけで解決するわけではありません。興味深いことですが、言語構造や抽象的なことばの意味を理解することに多くの困難な課題を抱える子供たちでも、声音や音調、抑揚、あるいは自分が理解している文脈情報から手がかりを得て、語られていることの意味やメッセージを読み取ることがよくあります。多くの場合、そういった子供たちは、詩的で音楽的なことばへの感応性が非常に高いのですが、さらに、それが基盤となって、運用しながらことばを学んでいくことが可能になるのです（Park, 2013）。ですから、お話を語るとき、語り手は、例えば伝統的な口承芸能を魅力的に聴かせるために工夫されるような、音声によるリズムや詩的な要素を削ぎ落としてしまわないよう、細心の注意を払わなければなりません。例えば、著者の一人であるニコラ・グロウブが英国で実践した事例からのエピソードですが、注意が長く

続かない生徒が、意外にも、シェークスピアの悲劇『マクベス』の物語を聴くのが大好きで、頭韻とリズムが特徴的な、劇中の魔女の台詞 'Fair is foul and foul is fair.' をよく口にして作品に馴染んでいたそうです。他にも、成人の知的障害者が『宝島』の話を愛好する際にも、主人公の台詞を口にする現象が観察された事例などがあるそうです。日本でも「じゅげむ、じゅげむ」、「オンチョロチョロ・・・」など、呪文やお経のように繰り返したくなるフレーズが登場すると、子供たちは気に入った短いフレーズを口ずさんで物語の記憶を呼び起こしたりすることがあると予測されますが、英国の事例のように日本の古典の中からも子供たちにとって魅力的な韻律が見つかったり、それらが時には語り手と聞き手の間の合言葉のように慣れ親しまれ定着する場合もあるでしょう。

　さらに、発話された文を理解する道筋についてもポイントを理解しておきましょう。発話文の解釈には、一般的な想像をはるかに超えて複雑な認知プロセスが関わっています。語の意味や文構造のような情報を解析する能力だけでなく、リズム・アクセント・抑揚などの音声情報を理解することや、話の流れや背景情報などの文脈情報を参照すること、さらには声色や表情、仕草などの非言語的情報なども手がかりとされます。障害の有無に関係なく、人は皆獲得したことばの知識と関連情報を合わせて総合判断し、解釈作業に勤しみます。例えば、「雨だ！」という発話は、何気なく窓の外を見ていて気象の変化への気づきを表す呟きであったり、運動会中止を合図するための学校の先生の叫びであったり、発話の意図は様々です。目の前で展開されるストーリーテリングの発話文も、一文一文の形の意味を理解し、文脈情報に照らして、整合性のある解釈を選択します（Sperber & Wilson, 1986）。障害を持つ子供がいる場でのお話では、解釈に至る道筋が複雑であることに配慮し、解釈作業負担を最小にする工夫が大切です。

　ストーリーテリングは知的障害児・者にはハードルが高いと考えてしまいがちですが、必ずしもそうではなく、配慮や工夫によって大なり小なり理解しながら楽しむことは十分可能であると想像していただけたでしょうか。語り手が出来事や状況を表す文を表現豊かに発話し、語り手の声音や身振りなどの言語外の表現も手がかりにして文脈や場面を理解しやすい条件が整うので、未習の言語表現があったとしても、物語の展開を理解・推測しやすくなります。推論の力を発揮して語彙や文法の知識を自然に獲得してしまうこともあり、外国語も含めて言語学習上最も好ましい方法であると推奨する言語教育専門家もいるほどです（Wright,

1995）。

　本節のまとめになりますが、語りで用いられる表現の形、意味、音という、ことばの仕組みの基本三要素を三位一体で組み合わせ、馴染みやすい形に加工することによって理解を促し、さらに、物語の理解が手がかりとなってことばの力を補強・拡張していくことを考えると、ストーリーテリングがことばの力の発達に果たす役割が極めて重要であることがわかります。本書でご紹介するマルチセンソリー・ストーリーテリングという語りの手法は、ことばの諸要素を全て含み、表現性溢れるスタイルで語られるものであるため、効率良く、また、知らず知らずのうちに楽しく、母語獲得や外国語学習を促進します。コミュニケーション能力を伸ばす学習方法として、国語教育や外国語教育を中心に、多様な学びに応用可能であり、学校教育において積極的に取り組む価値があります。

ポイント

ことばの力の遅れや損傷に見える現象も、前向きに受け止める。
馴染みのある語彙を使い、短くて単純な文で、表現の音楽性・身体性を高める。
解釈作業負担を最小にするために文脈情報の配慮・工夫を施す。

2．ことばの身体性：音楽と運動の関わり

　前節では物語を楽しむ経験が言語能力獲得・学習に有益であることを述べましたが、本節では、ことばを学ぶ過程の初期段階において特に重要な要素である〈ことばの身体性〉に照準を合わせ、ストーリーテリング実践の具体例に言及しながら、発話表現の身体性の大切さについて説明します。

　まず、語りと音楽の親和性を示す事例として、興味深い実践例をご紹介します。2015 年初夏にニコラ・グロウブが来日し、ストーリーテリングと音楽の協奏の可能性を求めて、知的障害を持つ人々（「神戸音遊びの会」[12]）との協同で即興演奏と語りのコラボレーションが実現しました。この時ニコラが選んだ物語は、日本の古典「かぐや姫」でした。「かぐや姫」は、よく知られているように、竹から生まれ、美しく成長したかぐや姫が月に戻り、養親との訣別で終わる話です。

12　神戸音遊びの会 HP http://otoasobi.main.jp

障害児・者を相手に、結末に悲しみを余韻として残す別れの物語をなぜ取り上げるのか、明るく楽しい物語の方が良いのではないかと尋ねたところ、ニコラの答えは、胸に響き、深く考えさせられるものでした。障害を持つ人々の中には、自身が病気を抱える人が少なくありません。学校生活で友達の病気や死別を経験することは、健常児よりも多いと思われます。本章担当の筆者にも重度知的障害者の娘がおり、本人も家族も傷つく経験を重ねてきましたが、障害ゆえに無理解や理不尽ないじめに遭うことは一般的に少なくありません。障害児・者の日常生活は、悲しい体験に彩られているのです。もし日頃経験するやるせない思いに寄り添うようなお話を聞けたならば、自らの体験を振り返る機会となり、受け止めやすくなるかもしれません。悲しい物語が負の経験の受容に果たす役割を理解することは大切です（河合隼雄他, 2001）。

　2時間のワークショップセッションは、前半と後半に分けられ、前半で物語に慣れ親しみ、後半で聞き手が参加者となり、語り手と関わりながら演奏を展開するという流れで実践されました。中心となる語り手は英語母語話者のニコラでしたが、日本語の補いを本書筆者の一人である光藤由美子氏が担当することにより、外国語の負荷を軽減しました。本番となる後半の準備として、前半でまず日本語で紙芝居を添えて語られ、日本語の語りの途中でニコラが合いの手のように英語で一言添えるという方法を採りました（場の様子は図 4-1 および図 4-2 に示す通り）。

図 4-1. 紙芝居舞台と関係者

図 4-2. 語りと演奏の協奏場面

　合いの手の英語は、外来語として親しまれている語（'money', 'baby' やオノマトペ的な響きの表現 'chop, chop' など）を選びました。物語を繰り返すための 2 回目では、形式を変えて日本語の支援は補助的なものとして背景化し、英語の語りをニコラが主導しながら、聞き手に音を出すことによる練習を兼ねて参

加を試みてもらうというスタイルになりました。この２回の物語視聴の後に休憩を挟み、後半では、日本語の支援は加えず英語のみで語り、聞き手参加者の楽器演奏と語りが融合する運びとなりました。内容をある程度理解した上で、英語の語りを聞いて楽器や器具を使った音や身体の動きで反応するやりとりでしたが、知的障害を持つメンバーにとって、語りが外国語であることは特にマイナス要因にはなっておらず、むしろ、見た目も特徴的な外国の人が耳慣れない音声と身振り手振りで話をする様子を観察することに集中しているようでした。マイナス要因がもしあるとすれば、音楽だけに集中したい場合に積極的に参加するに至らないことがあるということです。企画と個人の相性もあるでしょう。

　「かぐや姫」の物語は、アニメーション映画にもなったほど内容のある長編ですので、音を出しやすい、セリフに感情がこもり共有しやすいなどの理由から、下記の通り、いくつかの場面を切り取り、筋書きを単純化しました。

①　竹林で赤子を見つける
②　美しく成長した姫に求婚者が押し寄せる
③　かぐや姫の課題に候補者が挑戦する（蓬莱の珠の枝、火鼠の皮衣、龍の頸の珠の３つに絞られた）
④　③の３つの贈り物の嘘が暴かれる
⑤　かぐや姫が月へ帰り、養父母と決別する

　①では、竹取の翁が竹を切る音、②ではお金の擦り合う音、③と④では視覚に訴える小道具の使用が興を添え、⑤の結末では悲しさを表す音の工夫が取り上げられました。母語とは全く異なる英語であっても、ジェスチャーや音声表現が意味と調和してインパクトが強いものに対しては、反応が活発になった様子が観察されました。　例えば、竹取のお爺さんが竹を切る場面で、'chop, chop, chop, chop' と動詞を繰り返して、演者とメンバーが一緒に演じましたが、語頭の無声破擦音 [tʃ] を連続して発することにより音声表現にオノマトペ的な効果が生じ、竹を切る身体の動きと相まって、物語の始まりが注意を引く参加しやすいものになりました。音象徴の力を借りない、音と意味の間に有契性が担保されていない普通の語彙においても、例えば 'baby' は、子守唄の物悲しくゆったりした音の響きの中でいたいけな「幼子」の存在感を、'money' は、お金を数える身

振りで忙しなく動くことによって人を振り回し狂わせる「金銭」のイメージを、物語の文脈情報と身体の所作から伝わるようにうまく表現されていました。その他、命令形の英語発話なども、'Marry me' は懇願するような動作でお願いの感じを、'Go away！' は片手で相手を突っぱねるような動作と同期することにより指示であることがわかるように、発話行為の意味が適切に伝わるように表現される様子が見られました。参加した子供たちは、同じ動作を添えてセリフを繰り返して求婚者やかぐや姫に扮して演技を楽しむこともありました。かぐや姫が月へ帰る場面では、月光の美しさと別れの悲しさなどを琴の音や尺八の音色で演出し、物語を静かに終えることができました。

　楽器による音を活用した語りの実践例として「かぐや姫」をご紹介しましたが、共有される言語表現には、オノマトペ的なリズムや音象徴を含んだ表現が好まれ、それらは身体動作を呼び起こして聞き手をうまくお話に誘うことができるとわかりました。通常のストーリーテリングとは音楽的要素が多い点で異なりますが、マルチセンソリー・ストーリーテリングの表現スタイルを企画する時に、どのような演出の工夫が聞き手の理解を助け、活動を参加しやすく楽しみやすいものにするかを考える時の参考になるでしょう。そこで得られた経験知は、お話を聞く活動だけでなく、知的障害者がいる場での色々な学びの場面での配慮を考える時の手がかりにもなると期待できるのではないでしょうか。

　ここまでで、発話に音楽性を持たせることでお話の語りが表情豊かになる事例を見ましたが、次に、ことば自体に運動性が感じられるもの、身体運動と融合しているかのような言語表現も、対話的ストーリーテリングでは活躍する可能性があることに触れておきたいと思います。例えば「どっこいしょ」や「わっしょい」のように、体の動きやリズムと一体化して発話されるタイプの表現がそれにあたります。そのような表現においては、身体の動きを想起させる音象徴的な要素を含みつつも、リズム的な要素がより決定的な要素として機能します。語句のリズムが身体の動きと適切に同期することによって得られる効果は大きく、「スポー

ツオノマトペ」として知られるようになった数々の表現からわかるように、身体の動きの運動性を高めます（藤野，2008）。そのような「動きことば」とも表すべき現象の事例として、筆者が直接観察したケースを2件、次にご紹介したいと思います。

　一つ目は、特別支援学校で観察した事例です。1コマの授業は、帯活動を含めて複数の活動から構成されることが多いのですが、負荷が若干高い活動が一段落して次の活動に移る際に、切り替わりを知らせ、態勢や姿勢を立て直す声かけをすることがあります。見学時に見聞きしたそのような合図表現は「シャキーン」（音声表記は /ʃaki:N/ ）でした。これは、姿勢が整えられた様子を表す「シャキッ」というオノマトペの語感と、「シャキーン」（TV番組で使用された合いの手のセリフ）の合図機能の組み合わせによって形成された、教師のオリジナルな表現ですが、活動や動作の開始・終了を知らせ、授業の区切りを見えやすくすることや、リフレッシュ、場の空気の転換に役に立つ働きがあると考えられます。支援が必要な子供たちに対しては、区切りやけじめを体感することが重要なので、児童らが教師のリズムに合わせやすいような音楽的・身振り的調整が行われて、おそらく無意識のうちにタイミング調整が図られているものと思われます。/ʃaki:N/ は2音節であり、第1音節は弱形化され短く、長音化された第2音節に強勢が置かれていましたが、動画をスローモーションで分析した結果、腕を振り上げ、頂点に達し、振り下ろす途中までの動きに伴う音声は、第1音節の /ʃa/ であり、振り下ろした腕が身体側面の脇に接地した瞬間に同期した音節は、第2音節の /ki:N/ であることがわかりました。これはかなり興味深い現象です。［♪♩］（［♪（シャ）♩（キーン）］）のように表記されるリズムが、日本語として珍しい弱起となっており、英語のような強勢言語的リズムとして、強勢位置に身体の動きの終結点を持ってきて、メリハリをつけやすい形となっています。弱起箇所は、求められている姿勢を正すタイミングを児童と教師が同期できるための、いわば準備的フェーズとなっており、「よーいドン」の呼吸の取り方（「よーい」で準備し「ドン」で発進する）と似ています。弱起は、表現によっては、休符で示されることもありますが、いずれにしても、タイミングを合わせる動きと音声リズムになっていることが重要なことです（Udo and Takano，2010）。

　二つ目の「動きことば」の事例として、かけ言葉、囃子言葉として分類される「どっこいしょ」を取り上げます。この表現は、お爺さんやお婆さんがよく出て

くる日本の昔話においては数多く表現されることばです。また、小学校でよく知られている『大きなかぶ』でも、「うんとこしょ、どっこいしょ」というリフレイン箇所として、物語の展開に重要な役割を果たす表現です。類似表現の「わっしょい」「よいしょ（こらしょ）」「どっこいしょ」などと同様に、必ず身体動作の動きとリズムが同期する形

で発話され、強勢が置かれる拍のところで、立ち上がる、座る、荷物を持ち上げるなどの身体動作が遂行されます。言いながら動くと動きの達成度が上がりますが、発話が伴わなければ、または発話と動きのタイミングが合わなければ、今ひとつ力が入りません。また、動かずに発話するのは、ナンセンスで不誠実です。「どっこいしょ」という表現の使用事例については、変則的な活用パタンですが、前述の「神戸音遊びの会」の公演（『音の海』，2006，神戸ジーベックホール）において、知的障害者の出演者が相方のミュージシャンとのやりとり・掛け合いのキーワードにして一つの演目が成立したことがあります。どんな風に「どっこいしょ」が発話されたかと申しますと、全体で4拍子数える「どっ こい しょ ＃」（拍を数える箇所に下線、＃は休符相当）の先頭の3拍が1拍あたり均等な持続時間でリズムを刻んで発話されます。発話箇所の音声表記は /doQ-koi-ʃo/（拍境界をハイフンで表示、4拍目は休符相当で非表示）であり、第1拍中2モーラ目の声門閉鎖音（/Q/）がいわゆる小さな「ッ」にあたります。イントネーション（抑揚）は「ドソド」に近い音程でした。リズムに乗って言いやすいことの効果は絶大で、何を発話して良いか分からず戸惑う障害者が、相方のミュージシャンに誘われて強勢リズムを多少大袈裟な身体動作に合わせて表現したところ、意外なことに聴衆に見事に「受け」るという成果が得られたのでした。聴衆に「受け」たことは思いがけなく、また大きな喜びとなり、何度も繰り返した結果、自分の表現レパートリーに昇華できたという出来事でした。「どっこいしょ」という単純な身体運動的音声表現をモチーフとして、身体の動きやリズムを少しずつ変えたりしながら繰り返して見せるという漫談的演目につながった現象は、対話意図と表現力さえあれば、どんな表現でも聞き手と共有されて、対話関係が構築されうるという

ことを示唆しています。合言葉のようにリズム良く繰り返し共有される表現行為は、対話の動機づけになるものとして、ストーリーテリングの場においても活用できるのではないでしょうか（有働 , 高野 , 2008）。

3. 結び

ストーリーテリングの教育的効用として、想像力を育成する、学習を支援する、注意を集中させて聞く姿勢や対話能力を発達させる、自分たちの文化や異文化を感じる、アイデンティティや自我の確立につながる、感情を制御する、人生について考えるきっかけを得る等々、多様な意義が考えられますが（Wright, 1995）、知的障害を持つ子供たちにとって最も重要な課題は、あらゆる活動の基盤となることばの力を育てることであり、ストーリーテリングこそ、お話やことばそのものの面白さを楽しみながら効率よく、かつ豊かな成果をもたらしながらことばの力を育てる活動であると言えるでしょう。

参考文献

有働眞理子、高野美由紀（2008）「「どっこいしょ」はどのような認知カテゴリーか」, 日本認知言語学会論文集 8, pp.234-244.

河合隼雄、柳田邦男、松居直（2001）『絵本の力』岩波書店 .

久保田正人（2007）『ことばは壊れない　失語症の言語学』開拓社 .

スティーブン・ピンカー（1995）『言語を生み出す本能』椋田直子訳 , 日本放送協会出版 .

藤野良孝（2008）『スポーツオノマトペ―なぜ一流選手（トップアスリート）は「声」を出すのか』小学館 .

Bishop, Dorothy V. M.（1998）. *Uncommon Understanding*, Routledge.5.

Park, K.（2013）. 'Interactive Storytelling', Grove, N. ed. *Using Storytelling to Support Children and Adults with Special Needs*, Routledge.

Smith, N. V. and Deidre Wilson（1979）. *Modern Linguistics: The Results of Chomsky's Revolution*, Pelican Books Ltd.

Sperber, D., D. Wilson（1986）. *Relevance Theory: Communication and Cognition*, Blackwell.

Udo, M. and Miyuki Takano（2010）. 'On Embodiment of Onomatopoeia: Its Cognitive Developmental Implication', 4th Conference of the International Society for Gesture Studies（ISGS）, Frankfurt（Oder）, Germany, July 2010.

Wright, Andrew（1995）. *Storytelling with Children,* Oxford University Press.

森大生 24歳 自閉症
16歳頃から絵を描き始める。
エイブルアートアワード色彩賞受賞。
x @taisei_kobe
Instagram @taiseianpanman

第5章　ストーリーテリングでインクルーシブ教育を目指す

高野　美由紀

　全ての人を包み込む社会や、多様な児童生徒が自分や他者を尊重しながらそれぞれに学ぶことができる教育というのが求められていますが、簡単なことではありません。ストーリーテリングをうまく活用していけると、多様な児童生徒が楽しみ、多様性を認め合えるようになる、それぞれの児童生徒が学ぶべきものを学ぶことができるようになることで、インクルーシブ教育の充実につながっていくのではないでしょうか。

1．インクルーシブ教育とユニバーサルデザイン、合理的配慮

　障害の有無にかかわらず教育を受ける権利や機会を保障されるインクルーシブ教育について、障害者の権利に関する条約（以下、障害者権利条約）の第24条（教育）では、「締約国は、教育についての障害者の権利を認める。締約国は、この権利を差別なしに、かつ、機会の均等を基礎として実現するため、障害者を包容するあらゆる段階の教育制度（inclusive education system at all levels）及び生涯学習を確保する。」とあります。日本では、「障害者基本法」の改正や「障害を理由とする差別の解消の推進に関する法律（障害者差別禁止法）」の施行など国内法の整備がなされ、2014年に障害者権利条約に批准し、障害の有無によって分け隔てられることがない、誰もが人権及び基本的自由をあたりまえに享有できる、相互に人格と個性を尊重し合う、共生社会の実現をめざしてきました。

　特別支援教育は、2007年に法制化され、2012年には中央教育審議会の報告「共生社会の形成に向けたインクルーシブ教育システム構築のための特別支援教育の推進（報告）」が出されました。そこには、それぞれの子供が、授業内容がわかり学習活動に参加している実感・達成感を持ちながら、充実した時間を過ごしつつ、生きる力を身につけているかどうかが最も本質的な視点であると記されています。インクルーシブ教育システムでは、同じ場で共に学ぶことを追求するとと

もに、個別の教育的ニーズのある幼児児童生徒に対して、自立と社会参加を見据えて、その時点で教育的ニーズに最も的確に応える指導を提供できる、多様で柔軟な仕組みを整備することが重要で、通常の学級、通級による指導、特別支援学級、特別支援学校といった、連続性のある多様な学びの場が用意されています。

　多様な学びの場を利用する児童生徒の人数の推移を見てみると、通級による指導、特別支援学級、特別支援学校のいずれも増加傾向にあります。通常の学級に在籍して通級による指導を受ける児童生徒は特に増加していますが、それでも特別支援学級の利用者数と比べると、特別支援学級の方がおよそ倍の人数がおり、通常の学級に在籍する児童生徒の支援の充実が求められていると言えるでしょう。

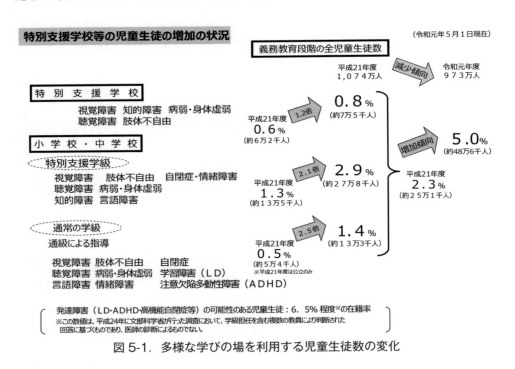

図 5-1. 多様な学びの場を利用する児童生徒数の変化

　障害者権利条約では、ほぼ全ての児童生徒を小中学校等の教育（mainstream education）でインクルージョンすることを目指す政策や実践を展開する単線型アプローチ（one-track approach）を求めているのに対して、日本では複線型アプローチ（two-track approach）で特別なニーズのある児童生徒は特別な学校もしくは学級に在籍し、通常の（mainstream）カリキュラムとは異なっていると指摘されています。令和4年8月下旬にジュネーブで障害者権利条約の日本の建設的対話が開かれ、同年9月9日に障害者権利委員会から日本政府へ勧告（総括

所見）が出されていますが、分離教育が継続されていることや合理的配慮が充分になされていないこと、通常の学級の教員（regular education teachers）のインクルーシブ教育に関する技術の欠如（lack of skills）と否定的な態度（negative attitude）とを指摘しています。

　これからどのように対応していくのかは現時点では見通せないところもありますが、いずれにせよ、通常の学級の担任を含む全ての教員は、多様な児童生徒がいることを前提に、それぞれの児童生徒がわかって充実した学びができる環境づくり、指導技術を高めることがますます求められていくでしょう。環境づくりとしては、ユニバーサルデザインと合理的配慮が重要で、特にユニバーサルデザインの教育を充実していかねばなりません。

表 5-1．障害者権利条約での定義

ユニバーサルデザイン	調整又は特別な設計を必要とすることなく、最大限可能な範囲で全ての人が使用することのできる製品、環境、計画及びサービスの設計
合理的配慮	障害者が他の者との平等を基礎として全ての人権及び基本的自由を享有し、又は行使することを確保するための必要かつ適当な変更及び調整であって、特定の場合において必要とされるものであり、かつ、均衡を失した又は過度の負担を課さないもの

　昔話の中には障害のある子供も楽しめるお話があり、加工・工夫を施せばマルチセンソリー・ストーリーテリングにでき、多くの子供がお話を理解し楽しく参加することが可能となると、私たちは考えています。また、昔話は多様性を認めるための適切な教材にもなりうるものであり、インクルーシブな社会に向かう教育に適していると考えます。

2．障害の有無に関わらず好まれる昔話

　子供たちは身近な大人から昔話などのお話を聞かせてもらうことを好みますが、それは障害のある子供も基本的には同じです。

　発達年齢が 2 歳半にもなれば親がしてくれるお話を喜び、繰り返して聞きたい「好きな話」ができてきます（岡本，2005）。子供は、お話をまず、ことばの音として面白がります。物語ことに昔話には、繰り返しや歌、唱え文句、おまじない

など耳に心地よい印象の残る部分がたくさんありますが、幼い子供はそういう箇所を喜び、繰り返し聞いたり自分も覚えて唱和したりすることで、子供はことばと意味をつなげてことばを育てていきます。そしてまた、語られた物語を通して大切なことを理解し、記憶していくのですが、J・ブルーナは、人びとは認識活動全般において、論理科学的な説明様式よりも物語様式のほうにより強い関心を持っていると述べており、特に発達の幼い子供の場合、物語様式が論理科学的な説明様式よりわかりやすく思考しやすいといわれています（Bruner, 2002）。

　　　　　　障害の有無にかかわらず子供たちが楽しめるお話があり、そのようなお話をインクルーシブな場でするのがいいと考えます。障害のあるクシュラが好んだ絵本が『クシュラの軌跡』の中に紹介されていますが、そのお話はキャロルという障害のない子供が好んだ絵本と共通するものも多かったそうです。クシュラは、絵本への関心の持ち方、反応の仕方が他児とは違っていたところもあったようですが、よいお話はどの子供も楽しめるということでしょう。そうであれば、よいお話を障害のある子供にもわかるように語ることができれば、同じ場で障害の有無にかかわらずお話を楽しむことができると考えることも、それほど違和感はないでしょう。

　民衆の間で口伝えされてきた物語である昔話は、語り手が聞き手を面白がらせようと文芸的にもてなそうとする行為により継承されてきたもので、昔話研究家の小澤俊夫によれば、昔話には多様な価値観があり、子供の成長にとって大事な要素が含まれています（小澤, 2009）。これまでの章でも昔話の特徴に触れてきましたが、3度の繰り返しを含んでいるものが多く、この繰り返しにより予測する力を獲得でき、さらに3度目に予測が覆されることが子供の思考力の形成に役立ちます。

　したがって、物語とくに昔話を語るストーリーテリングにより発達途上の子供は楽しみながら多様な価値観を受け入れ、先を見通す力や思考する力をつけていくことが期待できます。そうであれば、ことばを育て、理解や記憶を助け、多様な価値観、予測する力、思考力を育むことが可能な昔話のストーリーテリングを、子供の教育や発達支援にもっと活用していくことがよいのではないでしょうか。

　精神分析学者であり重度の情緒障害児の療育に携わっていたベッテルハイム

は、子供に理解できる物語の中で、昔話ほど人間の内的問題について教え、社会の形態には関係なしに、困難な立場からぬけでる解決法を示してくれるものは他にないと述べています

（Bettelheim, 1976）。幼稚園や小学校低学年の子供たち、特別支援学校の小学部の子供たちは、絵本などお話を先生から読んでもらうことや、お話で劇遊びをする機会も多いようですが、もう少し大きな年齢、学年でも機会が増えるといいと願っています。

3．マルチセンソリー・ストーリーテリングでよりわかるように

　昔話の語りを聞くことは、障害のある子供たちの発達を促し、生きる知恵を授け、本人に降りかかる様々な課題に対して解決の糸口を見つける手がかりを与えてくれることでしょう。しかし、耳で聞くお話は目に見えずそこに留まらず消えてなくなるものです。知的障害や自閉症などの障害がある場合、語りだけではお話の内容を理解し楽しむことが難しく、語る際に工夫が必要になります。

　マルチセンソリー・ストーリーテリングというのは、多感覚に訴える語りを意味します。語ることばはシンプルなイメージしやすいものにして、オノマトペ（擬音語・擬態語）、ジェスチャー、指さし、表情、絵カード、場の構造化など、視覚的あるいは身体的な手がかりを適度に用いたコミュニケーション手段で語るのが、マルチセンソリー・ストーリーテリングなのです。最近では、「身体化認知（embodied cognition）」という、高次の認知処理は感覚や動作といった身体の働きを基盤にしているという理論が、脚光を浴びてきていますが（Fincher-Kiefer, 2021）、マルチセンソリー・ストーリーテリングでは、身体を使ってお話を体感して楽しみ、記憶（例えば、語彙を覚える）や思考（例えば、お話の主人公が経験したことをもとにどうするのが望ましいのかを考える）につなげていくことが期待できます。

　また、聞き手も語りの一部（例えば、オノマトペの部分）を担ったり、一緒にジェスチャーをしたり、「次は何が来るのかな」と質問するなどやり取りをしな

がらお話を進めていくこともでき、参加型、対話型の語りにもなります。この参加型、対話型の語りは、双方向のコミュニケーションとして楽しむことにもつながりますが、子供たち自身が語り手になる入り口にもなります。子供自身が語り手になるということは、人にお話を伝えるコミュニケーション力を手に入れることであり、特に障害のある子供にとっては大事なことだと考えています。

4. ニコラ・グロウブによる昔話の
マルチセンソリー・ストーリーテリングの実践紹介

　ニコラ・グロウブが2015年5月と2016年2月から3月に来日した際に学校で障害のある子供たちと昔話を語る活動をしました。ニコラが英語で語り、必要に応じて日本語での解説を加えるというやり方でした。2016年2月から3月にかけて行った研究プロジェクト「Heroes with a Difference[13]（ちょっと違ったヒーロー）」の一部として、他の人と少し違った特徴をもつ主人公のお話として、「Mollie Whuppie」という一寸法師のようにちっちゃい女の子モリーのお話をマルチセンソリー・ストーリーテリングでニコラが語りました。この時の児童生徒の反応もとても面白いものがありましたので、ニコラがどのように語り（ユニバーサルデザインをどのように提供したのか）、どのような効果が見られたのかについて述べてみたいと思います。

（1）お話の選択と調整
　日本とイギリスの国際交流ということもあり、両国の昔話の中からお話を選びました。そしてちょっと変わったヒーローとして、日本の昔話「一寸法師」は絵本を見せて簡潔に紹介し、一寸法師に似た小さな女の子の勇敢なお話ということで「Mollie Whuppie」を語りました。この「Mollie Whuppie」というお話は日本では「かしこいモリー」として知られていますが、工夫として、①人食いの大男が自分の3人の娘をモリーの3姉妹と間違って殺してしまう内容を削除し、家を出てそのままお城に行くことにして登場人物を減らす、②貧しい家を出て、勇

13　Heroes with a Difference とは、ニコラ・グロウブが笹川財団から助成をうけて2016年から2017年にかけて日本とイギリスの学校で行ったプロジェクトです。両国に伝わる女の子だけれど勇敢なモリー・ワッピィ、小さいけれど強い一寸法師などちょっと違った主人公の昔話を児童生徒に紹介し、障害者理解や障害者を勇気づける実践で、日本でも小学校、特別支援学校などでストーリーテリングを行いました。

気と知恵を使って幸せになるというシンプルなストーリーにして「ちょっと変わったヒーロー」の趣旨を際立たせるという２点の調整を行いました。

（2）語りの中での工夫

聞き手の理解や参加を促す工夫として以下の３点を行っていました（図5-2）。

1）登場人物の特徴を際立たせる

小柄だけど勇敢な末娘という主人公を印象付けるため、姉たちを表現するときには、首をうなだれ、悲しい表情、すすり泣くしぐさで声のトーンも高く、音量を小さくして語り、主人公モリーのせりふでは、胸を張り、腕を勢いよく振る、明るい表情をして対比させていました。

2）展開をわかりやすく示す

始まりを「むかしむかし」あるいは「once upon a time」を大きな声ではっきりいう、場面の展開を動きやジェスチャーで表す、おわり「the end」を示すなどをおこなっていました。

3）聞き手が参加できるところを作る

大男の「歩く」「食べる」「寝る」動作をジェスチャーと擬音で表し、生徒にも事前に練習してもらいました。語りの中で３回繰り返しましたが、２回目、３回目には生徒が予測を立てて一連の動作を行っていました。

また、小道具を持つ役、ビッグマックを押す役など生徒に役が当たるようにしていました。

①登場人物の特徴を　　　②展開をわかりやす　　　③聞き手が参加でき
　際立たせる　　　　　　　く示す　　　　　　　　　るところを作る

図 5-2. 語りの中での工夫の様子

（3）生徒の反応

1）人を順位付けするこだわりが改善した事例

　生徒A（男子）は、人に対しての順位付けのこだわりがあり、自分より誕生日が遅い同級生や下級生、女性には横暴な面がありました。

　ストーリーテリングが始まると、ニコラのジェスチャー、表情をまねて動きを同調させながら話を聴いていました。大男が目覚めたところでは驚いたように目を見張り、主人公モリーが髪の毛一本橋を渡り、逃げ切ったところで笑顔になり、王様がモリーの姉と王子を結婚させたところでは、「ホー」と声を挙げていました。

　ストーリーテリングの感想文には、「話を聞いて、小さくても関係ないんだあっと思いました。」と書いていました。生徒Aにとって大きな気づきを得られたのではないかと思います。

2）自分のことを人に語り始めた事例

　中学3年生の生徒Bは、内向的で口数が少ない生徒で、前年度は不登校で、3年生の当初は交流学級に入ることができませんでした。しかし、1回目（5月）のニコラのストーリーテリングで、紙芝居をみんなの前で読めたことで少し自信がつき、修学旅行に参加できた後に交流学級にも行けるようになりました。

　2回目（3月）のストーリーテリングでは、ニコラが語りの前にお話に重要な小道具を紹介していたときに、指輪を見て「ring」と自発的にいうと、ニコラに「nice, very nice」と言われ嬉しそうな表情を見せていました。ニコラがジェス

チャーや物の操作を行うところではしっかり注意を払いニコラを見て、聴いていました。

　ストーリーテリングが終わって、「自分自身が勇気をもってやったことは何ですか。」という質問に対して、「試験の面接」とはっきりと答えていました。ニコラが「Were you nervous？（緊張しましたか）」といいながら胸の前で手を上下に揺らして尋ねると、同じジェスチャーをして、しっかりと頷いていました。

ストーリーテリングの感想文の中で、「パスポート取って、イギリスまでニコラ先生に会いに行きたいです。勇気をもってやったことは3年生になって一人で教室に行けたことです。」と書いていました。内向的だった彼が自分からニコラに会いに行きたいという自分の意思を表現したことは、とても大きな変化だと思います。

5．おわりに

マルチセンソリー・ストーリーテリングがインクルーシブ教育に調和するということを、インクルーシブ教育の解説、マルチセンソリー・ストーリーテリングの手法、実践などからみてきました。

しかし、マルチセンソリー・ストーリーテリングは万能かというと、そうではありません。特別支援学校高等部で英語でのマルチセンソリー・ストーリーテリングを行ったとき、多くの生徒は楽しく参加しているように映りましたが、なかには途中から机に突っ伏してしまう生徒がいました。一人ずつ鳥のジェスチャーをしてもらったのですが、鳥のまねをして、皆に披露するということ自体、思春期の生徒にははずかしかったのかもしれません。そして、やらないといけない場であることを理解して、突っ伏してやりたくないということを表現していた可能性もあるのではないかと考えています。つまり、参加者である児童生徒の発達も考慮して、お話や対話的なやりとりの方法を選ぶことが大切なのです。

参考文献

岡本夏木（2005）幼児期―子供は世界をどうつかむか―．岩波新書．

小澤俊夫（2009）改訂昔話とは何か．小澤昔話研究所．

小澤俊夫（1999）昔話の語法．福音館書店．

Bruner J. S.（2002）La Fabbrica delle Storie. Gius, Laterza & Figli S.p.a., Roma-Bari. 岡本夏木，吉村啓子，添田久美子訳（2007）ストーリーの心理学―法・文学・生をむすぶ―．ミネルヴァ書房．

Bettelheim B.（1976）The Uses of Enchantment: Meaning and Importance of Fairy Tales. Raines & Raines. 波多野完治、乾侑美子訳（1978）昔話の魔力．評論社．

Fincher-Kiefer R.（2019）How the Body Shapes Knowledge; Empirical Support for Embodied Cognition, American Psychological Association. 望月正哉，井関龍太，川﨑惠里子訳（2020）知識は身体からできている―身体化された認知の心理学―．新曜社．

第 2 部

教育における

実践事例

第
6
章

特別支援学校小学部
での実践
――「世界一おいしい野菜スープ」で食育――

光藤　百合子

1．はじめに

　学校給食で出される食材のうち、子供が嫌いな物の上位を野菜が占めています。特に知的障害等の障害がある子供は、肥満や偏食が指摘され、野菜嫌いが多いことが報告されています。2019 年に知的障害等の障害がある子供が通う特別支援学校の小学部で質問紙調査をすると、「子供の食事に関して困っていることがある」と答えた保護者が約 7 割と多く、困っている理由は野菜を食べないこと、偏食があること、苦手な物は給食では食べても家では食べないことでした。

　そこで、特別支援学校（知的障害）において、子供の野菜摂取を促す食育を行う必要があると考え、食育「野菜博士になろう」を実践しました（光藤・宇野・高野，2022）。学校での調理が制限されていない時には、食育「野菜博士になろう」の授業の後に、野菜スープを学校で作って食べることができたのですが、COVID-19 の感染拡大に伴い、学校での調理が制限されるようになり、このような状況で、どのように実践したらいいのか検討し、「ストーンスープ」のストーリーテリングをもとに創作した「世界一おいしい野菜スープ」のお話で、参加型ストーリーテリングの模擬調理に取り組むことにしました。

2．食育「野菜博士になろう」の実践

（1）教材開発とストーリーの設定

1）キャラクター

　食育実践「野菜博士になろう」では子供が楽しく学べるように、みどりちゃんと野菜博士 3 人のキャラクター（図 6-1）を開発しました。キャラクターは野菜の国からやって来たという設定で、みどりちゃんは野菜が好きな女の子、野菜博士は野菜研究所の野菜博士と野菜を育てている野菜博士、栄養教諭の野菜博士の 3 人です。

図6-1. キャラクター

図6-2. はてなボックスと野菜博士メダル

2）「はてなボックス」と「野菜博士メダル」

「はてなボックス」と「野菜博士メダル」の教材（図6-2）も開発しました。本物の野菜を「はてなボックス」の中に置き、両側に開けた穴から手を入れて、何の野菜かを当てる野菜クイズに使いました。そして、野菜クイズに参加した子供の首に「野菜博士メダル」をかけて褒めました。子供の意欲を高めるために、野菜博士メダルをもらうと、子供も野菜博士になれるというストーリーにしました。

3）デジタル絵本、栄養教諭による「野菜のお話」動画、「調理」動画

ICT を活用した教材として、デジタル絵本や栄養教諭による「野菜のお話」動画、「調理」動画を作りました。デジタル絵本は野菜を育てている時の子供の写真と一緒に、「やさい」の絵本（平山, 1982）を Power Point（Microsoft）を使って電子黒板に大きく映し、読み聞かせをしました。そして、栄養教諭による「野菜のお話」動画や「調理」動画も電子黒板に大きく映して、子供が映像を見て学べるようにしました。

4）「世界一おいしい野菜スープ」のパネルシアター

COVID-19 禍における食育実践「野菜博士になろう」では、野菜を調理して食べる代わりに、「ストーリーテリングで特別支援 研究会」において、ニコラ・グロウブ先生から学んだ「ストーンスープ（せかいいちおいしいスープ[14]）」のストーリーテリングをもとに、特別支援学校版として創作した「世界一おいしい野菜スープ」のお話で、パネルシアターを開発しました（図6-3）。

14　Marcia Brown（1947）STONE SOUP. ALADDIN PAPERBACKS. の日本語訳は、絵本「せかいいちおいしいスープ」として出版されています。

1		みどりちゃんと3人の野菜博士は野菜の国へ帰る途中です。 みんな、おなかがぺこぺこです。 （みどり）　「おなかが　すいたなぁ。野菜スープが食べたいなあ。」 （野菜博士2）「それならこの野菜を使って、世界一おいしい野菜スープを作りましょう。」
2		（野菜博士1）「野菜スープを作るには、お鍋と、コンロが必要じゃ。」 ※お鍋とコンロを出す。 （野菜博士3）「野菜スープの作り方は、私が教えましょう。」 ※野菜博士1、野菜博士2、みどりちゃんの絵人形を外す。
3		（野菜博士3）「材料の野菜は人参、玉ねぎ、キャベツ、じゃがいも、なす、ピーマン、トマト、ベーコンも入れましょう。」 ※一つひとつ野菜の名前を確認し、子供が野菜の名前を声に出して言うように促しながら、野菜を貼っていく。
4		（野菜博士3）「それから、油、水、コンソメスープの素、塩、こしょう、トマトケチャップ。」 「じゃあ、みどりちゃんに、玉ねぎを包丁で切ってもらいましょう。」 ※みどりちゃんは、机の上に木製のまな板と包丁を置く。パネルシアターから玉ねぎを外して、まな板の上に置き、模擬調理の手本を示す。
5		（みどり）「はい。」「玉ねぎの皮を剥いて、まな板にのせて包丁で切るよ。トントン…。」 「できました。」※玉ねぎを裏返す。 「玉ねぎが切れたら、お鍋に入れます。」「やったー。」〈拍手〉 （野菜博士3）「みどりちゃんと同じように、野菜を切って、お鍋に入れてくれますか？」 【模擬調理】子供が玩具の包丁で材料の野菜を切って鍋に入れていく。
6		（野菜博士3）「材料を切って、お鍋に入れたら、コンロに火をつけましょう。カチャ。」 ※コンロのスイッチを回す動作をしてからコンロを下にずらして、火をつける。

| 7 |  |

（野菜博士3）「油を入れて炒めたら鍋に水を入れましょう。それから、コンソメスープの素も入れるよ。」
※水とコンソメスープの素を鍋に入れる。

| 8 |  | （野菜博士3）「ケチャップを入れましょう。」
「塩、こしょうで味を調えましょう。」
「鍋をかき混ぜましょう。」
※鍋にケチャップ、塩、こしょうを入れる。
【模擬調理】みどりちゃんの手本の後、
子供が鍋をかき混ぜる。 |

| 9 |  | （野菜博士3）「鍋に蓋をして、煮えるのを
待ちましょう。」
※鍋に蓋をする。子供たちの絵人形をはる。
みどりちゃんと野菜博士1、野菜博士2
も再び登場させる。 |

| 10 |  | （みどり）「スープが煮えるまでの間、
みんなで"野菜を食べよう"の
歌を歌いましょう。」
（みどり）「野菜を食べよう、体にいいよ♪」
「はい」
（みんな）「野菜を食べよう、体にいいよ♪」
（みどり）「野菜を食べよう、体にいいよ♪」
「はい」
（みんな）「野菜を食べよう、体にいいよ♪」
※次に、鍋の上部（左右）から、湯気を
引き出す。 |

| 11 |  | （みどり）「いいにおいがしてきた。鍋の蓋を開けてみましょう。」
（みどり）「わあ、世界一おいしい野菜スープができました。」
（みどり）「お皿にスープを入れるよ。」
（みんな）「やったー。」〈拍手〉
※鍋の蓋を開ける。次に、子供の皿の蓋を取り、スープを見せる。 |

図6-3　参加型ストーリーテリング「世界一おいしい野菜スープ」の台本

子供が調理のイメージを持つことができるよう、パネルシアターで視覚支援を
しながら、参加型ストーリーテリングで模擬調理をしました。登場人物はみどり
ちゃんと野菜博士3人、子供たちです。子供が材料となる野菜（人参、玉ねぎ、キャ
ベツ、じゃがいも、なす、ピーマン、トマト）とベーコンを玩具の包丁で切って、
大きな鍋の中に入れて炒めます。水とスープの素、塩、こしょう、ケチャップの
調味料も加え、みんなで「世界一おいしい野菜スープ」を作るというストーリー
です。

5）歌「野菜を食べよう」

　お鍋に「世界一おいしい野菜スープ」の材料を入れ、蓋をして煮込んでいる間
に、歌「野菜を食べよう」を歌いました。歌「野菜を食べよう」は、「ストーリー
テリングで特別支援 研究会」が開催した Jolly Music についてのワークショッ
プで山下佳世子先生から学んだハンガリー音楽の教育理論（Katalin & Erzsébet,
1975）を参考にして、小さな子供の音域に合う、ソとミの音だけを使った簡単な
メロディーで、ゆっくりと正確に、「野菜を食べよう、体にいいよ」という歌詞
を模倣して、繰り返し歌えるように考えて作りました（図6-4）。

図6-4　歌「野菜を食べよう」

（2）授業実践の内容

1）目標

　食育「野菜博士になろう」の授業実践は、生活単元学習の授業として、新学習指導要領の3つの観点をふまえて、次の目標で取り組みました。

○野菜の名前や、野菜を食べたら体に良いことを知ることができる。
【知・技】

○野菜の絵本やクイズ、お話などを楽しみ、野菜に興味を持つことができる。
【思・判・表】【学・人】

○模擬調理やレシピ作りに取り組み、調理や野菜を食べることに興味を持つことができる。　　　　　　　　　　　　【知・技】【思・判・表】【学・人】

○野菜を食べることに興味を持ち、給食の野菜を食べることができる。
【学・人】

※新学習指導要領の観点は、【知・技】が知識・技能で、「何を理解しているか、何ができるか」、【思・判・表】が思考力、判断力、表現力で、「理解していること・できることをどう使うか」、【学・人】が学びに向かう力、人間性で、「どのように社会・世界と関わり、よりよい人生を送るか」を示しています。

2）対象

　特別支援学校(知的障害)の小学部6年生15人を対象に授業実践を行いました。

3）指導計画

　食育「野菜博士になろう」の指導計画は、次の表6-1の通りです。

表6-1　食育「野菜博士になろう」の指導計画

時間数	学習課題（題材）	主な内容
第1次 1時間	野菜博士になろう ①（事前学習）	野菜テスト（事前）で、野菜の名前をどの程度知っているのか確認する。
第2次 2時間	野菜博士になろう ②（研究授業）	参加型ストーリーテリングによる模擬調理及びICT・給食・レシピを活用した授業実践を行う。
第3次 1時間	野菜博士になろう ③（事後学習）	野菜テスト（事後）で、野菜の名前を知っているか確認する。
第4次 2時間	野菜博士になろう ④（野菜スタンプ）	野菜を包丁で切り、野菜スタンプに取り組むことで、調理や野菜に興味を持つようにする。

4）学習指導案

食育「野菜博士になろう」の学習指導案（一部抜粋）は表6-2の通りです。

表6-2　食育「野菜博士になろう」の学習指導案（一部抜粋）

学習内容・活動【観点】	指導上の留意点
〈導入〉 1. はじめのあいさつ 2. 本時の学習内容を知る	・挨拶で学習の始まりが意識できるようにする。 ・野菜の国から来たという設定でキャラクターの紹介をして、興味を持つようにする。 ・白板に本時の学習内容を提示して、見通しが持てるようにする。
〈展開〉 3. デジタル絵本「やさい」 　　　　　　　　【知・技】	・野菜研究所の野菜博士が登場して、「やさい」の絵本を持ってくる。 ・電子黒板でデジタル絵本の読み聞かせを行う。 ・絵本の画像の他に野菜を育てて収穫した時の写真を見せて、野菜を育てたことを思い出せるようにする。 ・野菜を育てている野菜博士が登場して、本物の野菜を持ってくる。 ・児童が野菜を触って、野菜カードで野菜の名前を確かめる時間を設ける。
4. 野菜クイズ「はてなボックス」 　　　　　　　　【思・判・表】	・野菜博士が「はてなボックス」を出して、野菜クイズを提案する。 ・「はてなボックス」に本物の野菜を入れて、野菜クイズを行う。
5. 野菜博士メダルの贈呈 　　　　　　　　【学・人】	・野菜博士が、クイズに答えた児童の首に、野菜博士メダルをかけて褒める。
6. 「野菜のお話」動画 　（栄養教諭） 　　　【知・技】【学・人】	・栄養教諭の野菜博士は動画で野菜の話をして野菜を食べたら体にいいので、給食の野菜を食べるように促す。
7. 「調理」動画　　　【学・人】	・動画で「世界一おいしい野菜スープ」の調理の様子を見る。
8. 参加型ストーリーテリング 　模擬調理　　　　【学・人】 　「世界一おいしい野菜スープ」 　歌「野菜を食べよう」	・パネルシアターで視覚支援をしながら「世界一おいしい野菜スープ」の参加型ストーリーテリングで、模擬調理が体験できるようにする。 ・鍋に蓋をして、スープが煮える間、歌「野菜を食べよう」を歌うようにする。
9. レシピ作り 　　　【知・技】【思・判・表】 　「世界一おいしい野菜スープ」	・栄養教諭から野菜スープのレシピを預かっていることを伝え、児童の実態に応じて野菜スープの色を塗ったり、野菜の名前を書いたりしてレシピを完成させるようにする。
〈まとめ〉 10. 振り返り 11. 終わりの挨拶	・野菜博士になったことを褒め、給食の野菜を食べることを促す。 ・挨拶で学習の終わりが意識できるようにする。
※児童が収穫した野菜（こどもピーマン）を入れて「世界一おいしい野菜スープ」を給食で提供していただき、給食を生きた教材として活用します。 ※野菜博士メダルと「世界一おいしい野菜スープ」のレシピ、野菜のプリントを家庭に持ち帰ります。	

（3）校内での連携

　食育実践「野菜博士になろう」で、校内で連携したのは、野菜の栽培、レシピの作成、給食の献立、野菜の展示、「野菜のお話」動画、「調理」動画、家庭への啓発です。

　まず、食育「野菜博士になろう」の授業を行うにあたり、野菜（こどもピーマン）を栽培しました（図6-5）。ピーマンは子供が苦手な野菜の上位に入りますが、ピーマンの苦みは味とにおいの相互作用で、こどもピーマンは、えぐ味が少なく苦くないのです。加熱してにおいが飛んだピーマンも苦みを感じません（森光, 2017）。そこで、野菜嫌いの子供も食べることができるのではないかと考えて、こどもピーマンを育てることにしました。種を蒔いて、子供が苗を学校の畑に植えました。校務員さんにも栽培を手伝ってもらって、たくさん収穫できました。

　そして、栄養教諭と連携して、食育実践当日の給食献立に、子供が収穫した野菜を使って、「世界一おいしい野菜スープ」を提供してもらいました。また、給食室前には、野菜を展示しました。

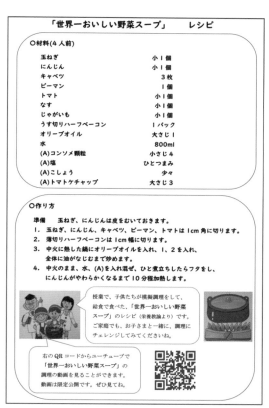

「世界一おいしい野菜スープ」　レシピ

○材料(4人前)

玉ねぎ	小１個
にんじん	小１個
キャベツ	３枚
ピーマン	１個
トマト	小１個
なす	小１個
じゃがいも	小１個
うす切りハーフベーコン	１パック
オリーブオイル	大さじ１
水	800ml
(A)コンソメ顆粒	小さじ４
(A)塩	ひとつまみ
(A)こしょう	少々
(A)トマトケチャップ	大さじ３

○作り方

準備　玉ねぎ、にんじんは皮をむいておきます。
１．玉ねぎ、にんじん、キャベツ、ピーマン、トマトは１cm角に切ります。
２．薄切りハーフベーコンは１cm幅に切ります。
３．中火に熱した鍋にオリーブオイルを入れ、１、２を入れ、全体に油がなじむまで炒めます。
４．中火のまま、水、(A)を入れ混ぜ、ひと煮立ちしたらフタをし、にんじんがやわらかくなるまで10分程加熱します。

授業で、子供たちが模擬調理をして、給食で食べた、「世界一おいしい野菜スープ」のレシピ（栄養教諭より）です。ご家庭でも、お子さまと一緒に、調理にチャレンジしてみてくださいね。

右のQRコードからユーチューブで「世界一おいしい野菜スープ」の調理の動画を見ることができます。動画は限定公開です。ぜひ見てね。

図6-5　野菜の栽培

図6-6　「世界一おいしい野菜スープ」のレシピ

「世界一おいしい野菜スープ」のレシピは栄養教諭と一緒に考えて試作をしました。試作調理の様子は動画に撮影し、授業で見ました。栄養教諭による「野菜のお話」も動画に撮って授業で見ました。授業後には子供が収穫した野菜と一緒にレシピを家庭に持ち帰って、家庭への食育啓発を行いました。保護者用のレシピにはQRコードを付けて、「調理」動画を家庭でも見てもらえるように工夫しました（図6-6）。

3．食育実践の効果

　食育実践の効果を授業の記録や質問紙調査等で振り返ってみます。

（1）学校での子供の様子

　知的障害等のある小学部6年生の子供15人のうち、野菜が苦手な子供は4人（約27%）でしたが、苦手な野菜が一つでもある子供は13人（約87%）で、苦手な野菜の上位は、なす（6人）、ピーマン（4人）、トマト（4人）でした。

　食育「野菜博士になろう」の授業では、野菜博士のキャラクターが、絵本や本物の野菜を持って登場しましたが、「野菜博士の設定が興味を引いていたようです」や「登場するキャラクターに興味を持って見ていた」という記録もあり、キャラクターに興味を示している子供がいました。そして、本物の野菜を触って名前を確かめてから野菜クイズを行いましたが、「本物の野菜にすごく興味を持って触っていました。大根、人参等、自分で名前を言っていました。」と記録にあるように、本物の野菜を触ることで子供の興味が高まりました。また、子供は電子黒板に大きく映したデジタル絵本や「野菜のお話」と「調理」の動画を見ましたが、ほぼ全員が集中して見ていました。デジタル絵本には子供が野菜を収穫している時の写真も取り入れたので、身近に感じたのではないかと思われます。そして、給食でお世話になっている栄養教諭が野菜博士になって動画に登場したこと、「調理」動画を子供の興味を引くように編集したこと、普段から子供が動画を見慣れていることも、子供が動画をよく見ていた理由ではないかと推測されます。

　「調理」動画を見てから、参加型ストーリーテリング「世界一おいしい野菜スープ」に取り組みましたが、子供たちは、包丁で野菜を切ったり、鍋に入れてかき混ぜたりするイメージを動画で見て学んでいたので、積極的に参加していました。子供は一人一人順番にパネルシアターの野菜をまな板の上に置いて、木製玩具の包丁で野菜を切る動作を模倣してから、裏返して鍋の中に入れたり、水や調

味料等を入れてかき混ぜたりする模擬調理に挑戦しました。それから、鍋に蓋をして煮えるのを待っている間に、歌「野菜を食べよう」を歌いました。みどりちゃんが「野菜を食べよう、体にいいよ」と歌ってから「はい」と言って促すと、子供は模倣をして、「野菜を食べよう、体にいいよ」と歌っていました。この時はCOVID-19 禍だったのでマスク着用で歌いました。鍋の蓋を取ると、パネルシアターの仕掛けでスープが完成します。絵人形の子供の器にスープをよそって、「いただきます」をして、みんなで食べる真似をしました。それから、「世界一おいしい野菜スープ」のレシピを完成させました。子供の中には「給食」と言って、給食を楽しみにしている様子が見られました。そして、給食の時間には、「世界一おいしい野菜スープ」を「おいしい」と言って食べていました。野菜を探して名前を言う子供もいました。野菜が苦手な子供も、残さずに食べていました。

（2）家庭での子供の様子

　授業実践の前に、学校で収穫したこどもピーマンを初めて家庭に持ち帰った時の子供の様子を見てみます。野菜が好きな a 児は、「ピーマンが大好きなので、ほぼ一人で食べきっていました。」という保護者の記述が見られました。一方、野菜が苦手な b 児は、「こどもピーマンを帰ってすぐに見せてくれて、渡す時に『くっさー』と言っていました。『食べようか』と聞くと、『苦いから嫌』と言われました。小さく切って何とかチャレンジしてみます。」という保護者の記述が見られました。野菜が苦手な c 児は、フォークで刺したピーマンを何度も外して食べなかったことが書かれていました。

　今度は、授業実践の後に、学校で収穫したこどもピーマンを「世界一おいしい野菜スープ」のレシピと一緒に家に持ち帰った時の子供の様子を見てみます。野菜が好きな a 児は、「『こどもピーマンやん！』と言うと、『食べる！』と言って、自分でキッチンに持って行きました。そして、レシピと動画を見て、子供と一緒に野菜スープを作りました。野菜スープを食べる時には、『給食で食べたね〜』と言いながら、食べていました。」という記述がありました。参加型ストーリーテリングでの模擬調理の体験が、調理の意欲につながったとも言えます。野菜が苦手な b 児は、「家に帰って『野菜博士になったよー』と嬉しそうにメダルを見せ、『くさいピーマンどうぞ』と言って、こどもピーマンを渡してくれました。苦手なピーマン、なすを食べる時、『野菜博士がんばって食べよ』と声をかけると、

がんばって食べていました。自分で収穫して持ち帰った野菜を家族で食べることが、すごく嬉しいみたいです。」という保護者の記述がありました。c児は「『ピーマン』と言って、持って帰ったこどもピーマンを教えてくれました。以前は、こどもピーマンを見て嫌がり、食べなかったけれど、学校給食でスープの中のピーマンも食べたとのことだったので、『家でも一緒に作って食べようね』と話しました。そして、レシピを見て、学校と同じようにしたら食べました。」という保護者の記述が見られました。

（実践前）　　　　野菜が苦手な子供の様子　　　　（実践後）

（3）家庭との連携

　食育実践「野菜博士になろう」では、家庭と連携して、家庭での子供の野菜摂取と調理を促すことも目指しました。食育実践の後に、子供が収穫した野菜（こどもピーマン）と「世界一おいしい野菜スープ」のレシピを家庭に持ち帰ったので、家庭との連携について、食育実践の効果を見ていきます。

　実践後の質問紙調査には、「夕食時にスープを作ったので、家族と授業のことが話題になりました。いつもは野菜スープにケチャップを入れないので、学校で授業があったことや動画を見て作ったことなどを話しました。本人が、『給食で食べたね～』と言っていたので、献立プリントを見返しました。家族は、『勉強してすぐに実際に食べられるなんて、学校が給食で対応してくれて、すごいね。記憶に残るよね。』と話をしていました。学校で、こんなことを学んだというのを伝えてもらうことで、家でも話題にでき、振り返ることができるのでありがたいです。具体的な動画やレシピがあったので、作ろうと思えました。」という保護者の記述があり、食育実践の反響が見られました。

　食育実践の前後に保護者への質問紙調査で、「家庭と学校が連携して食育を行っていると思いますか」と質問をすると、実践前は「思う」6人（40%）、「少し思う」7人（約47%）、「どちらでもない」2人（約13%）でした。実践後は、「思う」13人（約87%）、「少し思う」2人（約13%）でした。実践の前後で比較をした

ところ、有意な差があることが分かりました。この結果は、食育実践「野菜博士になろう」が、保護者が「家庭と学校が連携して食育を行っている」と思うことに効果があったこと、つまり意識面で効果があったことを示しています。

　次に、実践後、どれぐらいの家庭が行動面で効果があったのかを見ていきます。実践後に、持ち帰ったレシピを見た保護者は15人（100%）でした。レシピのQRコードから動画を見たのは4人（約27%）でした。レシピを見て実際に野菜スープを作ったのは6人（40%）で、そのうち、子供と一緒に調理をしたのは4人でした。行動面での効果は、家庭によって、ばらつきが見られました。

4. おわりに

　特別支援学校（知的障害）における食育実践「野菜博士になろう」では、知的障害等のある子供に分かりやすい実践にするために、キャラクターやパネルシアター、歌等の教材を開発したり、本物の野菜に触ってクイズをしたりしました。

　そして、COVID-19の影響で、学校での調理が制限される状況でも、調理動画を見てから、野菜博士等のキャラクターが登場するパネルシアターで視覚支援をして、参加型ストーリーテリング「世界一おいしい野菜スープ」の模擬調理を行い、子供が楽しく学びました。また、子供が収穫した野菜を使って、給食で「世界一おいしい野菜スープ」を実際に味わう体験をしました。このように、ICTを活用した教材（動画等）と体験（模擬調理や給食等）を組み合わせることで、子供は五感を活用して楽しく学び、野菜に興味を示して、給食で野菜を食べる様子が見られました。

　さらに、野菜と「世界一おいしい野菜スープ」のレシピを家庭に持ち帰り、家庭での野菜摂取と調理を促すことで、レシピや調理動画を見て、子供と一緒に野菜スープを作って食べた家庭もあり、家庭でも子供が野菜を食べる様子が見られました。そして、食育実践は、「家庭と学校が連携して食育を行っている」と保護者が思うことに効果がありました。

　特別支援学校の食育実践に参加型ストーリーテリングを取り入れたことで、子供が生き生きと活動し、多感覚を活用して楽しく学ぶことにつながったと考えます。

参考文献

平山和子（1982）やさい．福音館書店，東京．

フォライ・カタリン，セーニ・エルジェーベト（1975）コダーイ・システムとは何か ハンガリー音楽教育の理論と実践．羽仁協子，谷本一之，中川弘一郎（共訳），全音楽譜出版社．

マーシャ・ブラウン（2010）せかいいちおいしいスープ．小宮由（訳），岩波書店．

光藤百合子，宇野宏幸，高野美由紀（2022）特別支援学校（知的障害）における食育「野菜博士になろう」の実践．日本健康教育学会誌，30，302-312．

森光康次郎（2017）機能性成分のエビデンス．藤原葉子，石川朋子，赤松利恵 他（共著），エビデンスで差がつく食育．光生館，東京，73-83．

編者からのひとこと

　パネルシアター「世界一おいしい野菜スープ」の教材開発、子供が好きそうなキャラクターを創出、子供が興味をそそる「はてなボックス」「野菜博士メダル」、やさい絵本の読み聞かせ、歌の創作など、幅広く多様な子供が参加できるバラエティに富む工夫が見られます。その上、学校の協力も得て、こどもピーマンを育て学校給食にも利用してもらい、家庭への働きかけもあり、食育として大きな成果をあげた例として高く評価できる実践例です。

　もとになっている昔話「Stone Soup ストーンスープ」は、ヨーロッパで広く親しまれている民話で、『せかいいちおいしいスープ』『くぎのスープ』などの絵本があります。日本の煮物の話であれば、さといも・だいこん・にんじん・ごぼう・豆腐が登場する「さといもこぞうととうふどん」（『風の神と子ども』）、またみんなで協力することの喜びが感じられる中国の民話『しあわせの石のスープ』もあります。食べ物が登場する昔話は数多く、食べる作法を学ぶ「芋ころりん」、お風呂の入り方を学ぶことができる「人参大根牛蒡」、物の売り方を考える「茶栗柿」など、ストーリーテリングの材料は石ほどに転がっていますので、拾い上げて美味しく料理してみてください。

第7章 特別支援学校高等部の自立活動での実践
―「モリー・ワッピィ」の語りとその後―

武田　博子

1．自立活動でのストーリーテリングの活用を検討する

特別支援学校では、小学部から高等部まで、様々な学年で絵本や紙芝居をはじめとするお話を楽しむ活動が行われていますが、中学部や高等部に上がるにつれ、お話が教材として扱われる頻度が減っていきます。また中学部や高等部の知的障害が軽い生徒の学習グループでは、重度のグループに比べてお話を扱う頻度が低いのです。ある特別支援学校で、お話に関心を持つ10名の教師にその理由を尋ねると、「他に指導すべきことがたくさんある」や「生活年齢と発達段階の両方に適した作品が見つからない」などの理由があがりました。本当にお話の活用は難しいのだろうか、また生徒のニーズに対応したお話はないのだろうかと疑問を持ち、自立活動でストーリーテリングを行うことを検討しました。

自立活動とは、特別支援学校において各教科の指導に加えて児童生徒の障害による学習上または生活上の困難を改善・克服するために行っている指導を指します。その内容は、「健康の保持」「心理的な安定」「人間関係の形成」「環境の把握」「身体の動き」「コミュニケーション」の6区分27項目からなり、児童生徒の実態に応じてこの中から選んだり組み合わせたりして指導を進めます。筆者は、特別支援学校高等部の自立活動の授業を担当していました。それは週1回50分授業で、「コミュニケーション」や「人間関係の形成」の課題に取り組むグループでした。

高等部男女合計8人の生徒にはそれぞれ中度や中軽度の知的障害があり、自閉症を併せ有する者や聴覚過敏を併せ有する者もいました。個別の指導計画に記載されたコミュニケーションの実態を参照すると、「人と関わりを持ちたいと思っているが、言葉での意思表示が苦手である」「会話が一方的になりやすい」「自分に自信がない」「理解できている表情で聞いているが、確認するとわかっていない」

「典型的なSST[15]が苦手である」などと記されていました。また個別の指導計画の長期目標には、「自分の気持ちを適切に表現できる」「状況を判断して行動したり、できごとや考えを文章で表現したりできる」「相手に伝わる声で、自信を持って話をすることができる」「成功体験を増やし、自己有用感を育てることで、気持ちを落ち着かせる」などの記載がありました。

　彼らの実態と長期目標から、自立活動での指導内容の要素を「活動におもしろさがある」「活動が生徒をエンパワーする」「SSTのようにトレーニング的ではなく、知らない間にトレーニングされている」と考えてみました。これらのことを同時に進めるために、おもしろくて、知らない間に自信がついていくような学習活動として、ストーリーテリングの活用を検討しました。

　ニコラ・グロウブは、2013年の来日講演の中でストーリーテリングの効用を「子供たちは、できごとを大人に物語のように語るとそれをよく覚えている。お話は子供たちの社会的能力や感情表現能力を発達させる。人生についての物語は、自信をつけ、自己を確立することに役立つ」と述べています。そこで、ストーリーテリングを行う中での指導目標として、「お話の中の活動に参加する（元気な声大きな動き）」「お話の展開に見通しを持つ」「お話の持つ価値観（今回取り上げるお話では、小さいけれど勇敢なモリー）に気づく」「自分の生活に活用する」以上の四つを掲げました。これは、自立活動の指導区分の「コミュニケーション」「人間関係の形成」「環境の把握」「心理的な安定」などに相当すると考えられます（図7-1）。

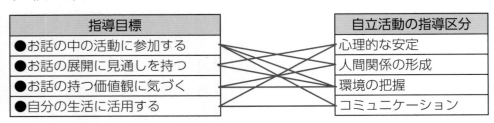

指導目標	自立活動の指導区分
●お話の中の活動に参加する	心理的な安定
●お話の展開に見通しを持つ	人間関係の形成
●お話の持つ価値観に気づく	環境の把握
●自分の生活に活用する	コミュニケーション

図7-1. ストーリーテリングの指導目標と自立活動の指導区分の関連

　指導に使ったお話は、「モリー・ワッピィ」です。貧しさのため家から追い出された3人姉妹の末っ子のモリーという小さな少女が、泣いている姉たちを引き

15　SST：Social Skills Training　対人不適応の原因をソーシャルスキルの未学習によるものと考え、スキルの向上や不適切な行動の修正を図り、対人不適応の解消や予防を目指すトレーニング法をいう（誠信心理学辞典　2014）。

連れてお城へ乗り込み、王様から出された「大男の家に行って宝物をとってきたら3人の王子とそれぞれ結婚させてやってもよい」という難題に、知恵と勇気で立ち向かい、一つずつ解決していくお話です。

お話の特徴として、「3の繰り返しがある　3人姉妹、王様の3人の息子、3つの宝物、3回大男の家に行く」「オノマトペや身振り、歌で話に参加できる」「小さい女の子が強くて賢いという、これまでのステレオタイプとは違う価値観。そして困難に立ち向かい、成功する疑似体験ができる」があり、この三つ目の特徴は、自信のない生徒に向き合う時、とても重要だと考えました。

あわせて「モリー・ワッピィ」というフレーズの持つ語感に着目しました。「ワッピィ」という響きは、英語では、日本語の「ブルンブルン」というオノマトペに近く、むちのしなるようなイメージだそうですが、筆者には、平田明子の「わくわくサファリ」（ケロポンズ，2012）の歌詞「わくわくサファリ　どうぶつワッピィ」が思い出され、「かわいらしく、元気がよい」というような響きに聞こえました。そこで、この「ワッピィ」の語感を使って、力強さや元気さを表現するセリフと振り付けを取り入れることにしました。

またできるだけモリーの勇敢さに注目させるために、複雑な構造を減らし、ストーリーの展開をわかりやすくしたニコラ・グロウブの再話を採用しました。削除された部分にもモリーの機転が利く聡明さを感じさせる仕掛けが含まれていますが、かえって知的障害のある生徒らにはストーリーの展開が複雑になり、全体の理解を妨げてしまうかもしれないと考えたからです。

そしてニコラ・グロウブの提唱する障害のある人たちがストーリーテリングを楽しむためのマルチセンソリー・ストーリーテリングを参考に、語りの緩急、抑揚、表情も含む全身での表現の工夫、五感を刺激する小道具やお話への参加の方法を検討しました。

2．ストーリーテリング「モリー・ワッピィ」の実施

ストーリーテリングの中で使う小道具を準備します。記憶に課題のある生徒やイメージする力の弱い生徒があらすじを理解し、情景をイメージしやすくして、ストーリーテリングをマルチセンソリーで楽しむためのものです。図7-2は、身近な廃材などを利用して簡単に作ったり、どこにでもあるものを集めたりしたものです。

生徒の椅子は、半円形に配置します。その正面にホワイトボードを用意し、小道具は生徒机などに使いやすく配置して準備しておきます。教師はホワイトボードの前で、様々な小道具を使いながらストーリーテリングを進めます。ホワイトボードに一番近い席には、あらかじめ決めておいたかみの毛一本橋の持ち役を座らせ、その場面になったら、毛糸の端を持たせて、かみの毛一本橋の表現に参加してもらいます。ホワイトボードを壁に見立てて、モリーの入った袋が壁に吊り下げられている様子を表現します。ストーリーテリング「モリー・ワッピィ」を扱う授業は、5回としました。知的障害のある生徒への授業では、同じことを何度か繰り返す指導方法がしばしば用いられます。その理由は、一度だけでは理解できないことも何度か繰り返して学習するうちに理解して、徐々に参加できる活動が増え、同時に活動を楽しむこともできるようになるからです。指導の手続きを表 7-1 に示します。毎回の授業で①から④を行いました。

図 7-2　小道具（左上段の左からモリー人形、はさみ、モリーが入れられた袋、左中段は金貨の入った袋、指輪、剣、右上段は歌詞、下段はかみの毛一本橋）

表 7-1.　指導手続き

① 話に参加するための練習をする
● オノマトペに振りをつけて唱和する
● 「モリー！（これからポーズを決める手がかり刺激としての役割）ワッ
ピィ！（両腕を身体の前で大きく交差させながら大きく回して、ガッ
ツポーズ）」と振り付きで唱和する
● 歌
② 役割分担（かみの毛一本橋用の毛糸の持ち役　2人）
③ ストーリーテリングを聞きつつ、練習したオノマトペ、動作や歌で参
加する
④ 振り返る
⑤ 生活の中で活用する

　ストーリーテリングの指導後の生徒の反応や様子を四つの目標に対する結果と
して整理してみました。

　「ストーリーの中の活動に参加する」については、あらかじめ練習したオノマ
トペや大男とモリーの掛け合いの歌を楽しむ生徒、力強く足踏みをして大男の足
音を表現する生徒、歌詞を見ながら歌おうとする生徒の姿が見られました。「ス
トーリーの展開に見通しを持つ」については、教師の顔を見ながら、話をよく聞
き、参加のタイミングを見図ろうとする生徒、教師や周囲の友達の参加の様子に
すぐに反応して、オノマトペや足踏みに合流しようとする生徒がいました。また
「お話の持つ価値観（小さいけれど勇敢なモリー）に気づく」については、「モリー
は何度もつかまりそうになったけど、諦めずに逃げて、また大男のところへ行っ
た。すごいと思った」と、モリーの勇敢さへの気づきを語った生徒がいました。

　最後に、「自分の生活に活用できる」についてです。ある生徒は、込み入った
言語指示では戸惑い、動きが止まる。がんばりすぎたり、我慢しすぎたりしてつ
らくなってしまう。新奇な場面では非常に慎重である。そんな彼女が自力通学の
実技テストを控えて、不安が高まっていました。その話題の際、振り付けを交え
て「○○（本人の名前）　ワッピィ」と話しかけると、硬かった表情が笑顔にな
りました。さらに「○○！」というと「ワッピィ」と応答し、その世界観を共有
しました。そして、合格したことを報告に来たときも「○○　ワッピィ」と言う
と笑顔になりました。また他の生徒にも、廊下でのあいさつの際、「ワッピィ！」

の振りをすると、笑顔で唱和し、モリー・ワッピィを思い出していました。次回の授業を楽しみにして、「次の自立活動はいつですか」と尋ねてくる生徒もいました。夏休み中には、以前より積極的に筆者に近づき、自分が部活をいかにがんばっているか伝えようとする生徒もみられました。

　ストーリーテリングに取り組むことで、生徒と教師の間に「小さく勇敢なモリー」の世界観が共有され、絆が生まれたと言えます。そして生徒をエンパワーし、自己表現につながったと考えています。

3.「モリー・ワッピィ」のテーマから「ヒーローズストーリー」へ

　ストーリーテリングの授業が終わっても、「モリー・ワッピィ」のキーフレーズと振り付けを合言葉に小さなモリーの勇気を自分たちの挑戦に活用してほしいと考えました。

　子供への暴力防止プログラムCAPでは、子供らのエンパワメントを暴力防止の最大のテーマとしてプログラムを提供しています。そのワークショップ後、子供らが暴力から自分を守ることができた体験を語った話を「サクセスストーリー」と呼んでいます。これを参考に、「ヒーローズストーリー」と題して、自立活動に加えて学校行事などにも展開していきました。それらを紹介します。

　一つ目です。その頃、生徒たちは、企業や就労支援事業所で1週間、仕事に取り組む現場実習と呼ばれる職場体験実習に向けて準備を進めているところでした。そこで、「モリーは小さいけど勇敢なヒーロー（ヒロインはなじみが薄いのでヒーローとしました）、今度はみんなが現場実習のヒーローになろう」という導入をすると、それぞれ目標を考えて「あいさつのヒーローになります」「ひも通しのヒーローになります」などと発表しました。

　現場実習後の授業では、「ヒーローズストーリー」と称して発表し、実習の振り返りを風船の形のワークシートに書きました（図7-3）。

　生徒らは、「現場実習でバーコードはりをしました。とてもかんたんでした。自信を持ってできました。実習をがんばりぬいた」「げんばじゅうで、野菜の入れていました。ふくろづめをやりました。いっしょけんめ　みかんのいれるところをがんばりました。勇気を出しました。ほうこくを自分でやりました」「げんばしゅうで、ふくろづめやシールはりとシフォンケーキカップづくりをしました。最後まであきらめずにがんばってできました」[原文ママ]などと書きました。

生徒らの表現から、「勇気」「自信」「あきらめずに」など、モリーから受け継いだテーマが息づいていることがわかります。

　各自が振り返りの風船を模造紙に貼り付けてから、その端にグーに握った手をそれぞれ描きました。自分の手から風船の間にひもを書いてつなげました。みんな笑顔や清々しい表情で完成した模造紙を見ていました。「どこに張り出そうか？」と聞くと、それまで消極的だった生徒が「私の教室の窓に張ってほしい！」とはっきりと言うことができました。自己主張ができたのです。

　二つ目です。今度は「小さく勇敢なモリー」を自己理解の学習に活用しようと考えました。生徒を「得意なことのヒーロー」と「苦手なことの（苦手なことが言える）ヒーロー」と名付けて、得意なことと苦手なことを整理しました。「得意なことのヒーロー」では、得意なことやどんな自分になりたいかを発表しました。「ピアノでメヌエットが弾きたい」「競馬で馬を当てたい」などすてきな発表やユニークな発表ができました。続いて「苦手なことの（苦手なことが言える）ヒーロー」です。苦手なことを克服することも大切ですが、がんばりすぎて苦しくならないように、自分の感覚を大切にして、伝える力をつけてほしいという願いから取り組んでみました。最初に筆者が「○○さん、じゃんけんが苦手だって言ってたよね。そんなことを言えばいいんだよ」と手本を示すと、「音が苦手です。だからこの前のコンサートの時は遠くにいました」「私も音は苦手。△△くんがギャーって言ったら、こんなふう（耳をふさぐ格好）にするの」「うち（私）は、いろいろ言われたらわからなくなる」「僕も苦手」と次々と生徒同士で、自発的、主体的に会話が進みました。さながらピア・カウンセリング[16]のようでした。

　三つ目は、学校行事や学年行事への展開です。ある生徒は聴覚過敏のため大声が苦手で

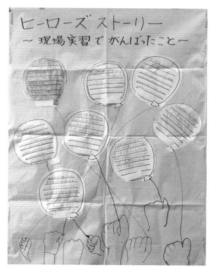

図 7-3. ヒーローズストーリーをまとめた模造紙

16　ピア・カウンセリング：ピア（peer）とは、本来地位や年齢、能力等が同等の人のことを意味し、それが転じて仲間、友達として使われている。現在同じような悩みを持つ仲間が対等な立場で悩みを相談し、解決に導くカウンセリングとして使用されている（誠信心理学辞典, 2014）。

す。彼は学年集会でクラスの取り組みを発表する代表に選ばれました。ところが、学年集会の途中で他のクラスの生徒同士がトラブルになり、大声が聞こえてきました。すると彼は硬くなってしまい発表どころではなくなりました。しばらくして筆者が遠くから「ワッピィ」の振りを何回か繰り返してみました。するとそれに気づいた彼は気持ちを切り替えて、見事スピーチを行うことができました。

　ストーリーテリングから始めて、ヒーローズストーリーへと展開し、自発的に進んだピア・カウンセリングを体験したからこその成功だと思われます。言いかえれば、この生徒と筆者の間には、エンパワーしあえる時間を共有した絆が生まれ、その関係性の中で「ワッピィ」の振り付けもその象徴に変化したものだと考えます。

4. ストーリーテリングを通して見えてきたもの、さらに広がりを求めて

　アメリカで開発された子供への暴力防止プログラム CAP を日本に紹介した森田ゆり（2000）は、その著書の中で「エンパワメントとはすべての人が本来持つちからを十分に発揮することのできる社会を作ることであると同時に、外からの抑圧によって傷つけられ壊されてしまった自分のちからと尊厳への信頼の回復のことである」と述べています。さらに「エンパワメントとは本来持っているちから、奪われてきたちから、傷つけられたちからからの回復である。だから北米では、人権を奪われた人に、その人が本来持つ権利を認識するための援助をする権利擁護の意味で『エンパワメント』が使われることも多い」とその言葉の使われ方にも言及しています。

　特別支援学校高等部の比較的軽度のグループにおいても、生徒同士あるいは生徒と教師をつなぐ絆を生み出し、生徒が自らの力を引き出すこの活動は、エンパワメントの活動そのものであることがわかりました。ストーリーテリングから生活の中へ取り込まれたキーフレーズや振り付けが、時には危機を乗り越えるアイテムとなること、生活に取り込まれたテーマがピア・カウンセリングへと発展することや自己を客観的に見つめようとするメタ認知にもつながること、主体的に自分の世界を語ることを自発させることもわかりました。このことはストーリーテリングが小学部の児童や重度の生徒のみでなく、高等部の知的障害が軽度の生徒にとっても幅広く活用できる有用な教材であるということを示しています。

　今後は、エンパワメント、自己理解などをキーワードに発達障害高校生のための高等学校における通級による指導の教材としての活用について検討をしていきたいと思います。

参考文献

ケロポンズ（2012）わくわくサファリ CDBOOK.『ケロポンズのわくわくあそびじま』チャイルド社.

光藤由美子（2012）誰にも話す物語がある　障害を持っている人々の語り、障害を持っている人々への語り、人間の語り. 語りの世界 54, 18-31. オリオン出版.

文部科学省（2018）『特別支援学校教育要領・学習指導要領解説　自立活動編』開隆堂出版.

森田ゆり（2000）『多様性トレーニングガイド』解放出版社, 18. 19.

櫻井美紀（1986）『子供に語りを』椋の木社.

下山晴彦ら（2014）誠信心理学辞典［新版］. 誠信書房, 649. 740.

高野美由紀他（2017）　知的障害のある生徒におこなう昔話のマルチセンソリー・ストーリーテリング. 兵庫教育大学研究紀要. 第 50 巻, 11-19.

編 者 か ら の ひ と こ と

　特別支援学校高等部自立活動で「モリー・ワッピィ」を語るという、ストーリーテリングそのもので教育活動に取り組んでおり、まさにこの本の目指すものです。年齢が上がるにつれてお話との接点が減っていくことが多いこともあり、高等部の生徒が楽しめるようなストーリーテリングで社会的な自立を目指した教育実践にチャレンジしています。編者が特に注目したのは、重度重複や知的障害のある児童生徒への教育的支援に造詣の深い著者が「繰り返し（理解し、楽しく、身につける）」「発展①（生活の中で活用する）」「発展②（ヒーローズストーリーへの展開）」を重視しているところです。少し見方を変えると、特別支援教育で大切なこれら（繰り返しがあり、生活に密着して、自己肯定感を育む）は、ストーリーテリングの強みを発揮しやすいところと解釈することもできるのではないでしょうか。生活年齢と発達段階の両方に適したお話を探して紹介をしていきたいと思います。

第8章

「高校通級」で活用できるお話の力

武田　博子

1．高校通級とストーリーテリング

　高等学校における通級による指導（以下、高校通級）が、平成30年に制度化され、高等学校でも特別支援教育が本格的に開始されています。高校通級とは、「自立を目指し、障害による困難を改善・克服するための一人一人の状況に応じた指導」をさし、対象は言語障害者、自閉症者、情緒障害者、弱視者、難聴者、学習障害者、注意欠陥多動性障害者、その他障害のある者で、この条の規定により特別の教育課程による教育を行うことが適当なものとされ、通常学級に在籍する生徒です。学校生活の大半を通常学級で学習しながら、別室で個のニーズに応じた指導を受けることで、指導の効果が上がる生徒とされています。指導内容は、特別支援学校における自立活動6区分27項目に相当する内容などであり、教科の遅れを取り戻すための補充学習ではありません。対象生徒の特別な教育課程が組まれ、高等学校では、年間35時間以上の指導を受けることにより、年間7単位を超えない範囲で卒業単位数のうちに加えることができます。

　筆者は通級指導担当者として、発達障害などのある生徒に自立活動の指導を行いました。その中で、折に触れてストーリーテリングを活用するように心がけました。その理由は、ストーリーテリングの持つ力が、自分の得意なことや苦手なことなど自己理解を進め、夢の実現を目指す生徒の自立活動に活用できるのではないかと考えたからです。

　ストーリーテリングの持つ力には、例えばお話に込められた多様な価値観を聞き手に伝える力があげられます。「モリー・ワッピィ」（7章、お話集を参照）のように小さい主人公や障害のある主人公があきらめず勇敢に大きな力に挑む姿や「リンゴの木」（12章、お話集を参照）のお話のように他者にあこがれる主人公自身が実は輝く存在なのだという価値観は、発達障害などのため生活や学習の中

で苦戦することが多く、挫折や傷つき体験のため、自分に自信を無くしてしまっている生徒らに、「ありのままでよい。あなたはあなたのままで大切な存在なのだ。あなた自身が力を持つ存在なのだ」と子供たちが本来持っている力を信じて勇気づけるエンパワメントのメッセージそのものです。

　このようなお話を語ることで、彼らをエンパワーすることができます。その結果、自己肯定感が上がることで、「自分にもできるかも」という自己効力感の向上や「お話に参加したい」「もっと聞きたい、もっと知りたい」「自分も語ってみたい」「自分ならこんなふうにアレンジしてみたい」という主体的な活動の動機づけになると考えられ、これは自立活動の6区分27項目のうちの「心理的な安定」に相当すると考えています。

　筆者はそのような考えから、以下の3点を目的として、ストーリーテリングを高校通級での自立活動に取り入れてみました（表8-1）。

表 8-1．高校通級でのストーリーテリングの目的

> 1．なりたい職業に関係のある活動として将来に生かせる体験をする
> 2．自信の持てなかった生徒が、エンパワメントされるストーリーと出会う
> 3．聴きとる力のチェックとしての活動

2．実践事例

（1）なりたい職業に関係のある活動として将来の職業に生かせる体験をする

　筆者がストーリーテリングを高校通級の自立活動の指導に使ってみようと考えた最初の生徒は、将来、幼児に関わる仕事に就きたいという夢を持ち、進学を希望する生徒でした。お話を楽しみながら、自分もやってみたいという気持ちになることや将来の仕事のレパートリーの一つとして持っておくことが自信につながるのではないかと考えて始めました。扱う時期は、学期末の授業や学期はじめの授業とし、お楽しみとしての位置づけであるとともに、作品によっては体験もしてもらうことにしました。

　最初に語ったのは、「背が高くなりたいネズミの話」（12章、お話集を参照）でした。これは赤と黄色のネズミがそれぞれ「背が高くなりたい」と思っていて、そのために栄養のある食べ物を食べたり、運動をしたり、よく眠ったりして、自

分の方が、背が高いと張り合うのですが、背を比べてみると同じ身長だったというお話です。赤と黄色の扇子の形の厚紙を横向きにして、短い弧の方を向いたネズミの人形のカードを左右、置き換えながらお話を進めました。すると不思議そうに2つを見比べながら聞いていましたが、錯視を使っていることに気づき、語り終わると「自分もやってみる」と発言していました。語りは教師が手伝い、ネズミの人形を動かすことに意識を集中しながら楽しみました。終わってから、人形を持って帰るかと聞くとうなずいて受け取りました。

　次に、お手玉を使ったわらべうた「とけいやさん　いま　なんじ」の遊びに取り組んでみました。これは、松山おはなしの会の光藤由美子さんに紹介してもらったもので、ストーリーテリングを始める前に子供と一緒に楽しんだりするのに使われます。図8-1に示したような節をつけて「とけいやさん　いま　なんじ？○じ」と歌ってから、「ボーン」と口で言いつつ、歌に出てきた○時の回数だけお手玉を投げ上げ、それを落とさぬようキャッチしなければなりません。同時にいくつものタスクをこなさなければ成立しない遊びが楽しく、終わったら「どうやって間違えないように数えた？」と質問することが重要です。これは何人もの生徒と一緒にやってみましたが、必ず盛り上がりました。それぞれ間違えないように数える方略がユニークで、「ひとそれぞれ違う方略を持っていること」を楽しい活動後にシェアすることが、自他の違い、多様性の尊重、メタ認知力を高めることにもつながります。

図8-1. とけいやさん　いま　なんじ

（2）自信の持てなかった生徒が、エンパワメントされるストーリーと出会う

　ある女子生徒は、自分になかなか自信が持てなかったのですが、様々な自立活動をする中で徐々に自信をつけていきました。普段は同じ障害の生徒と2人のグループで、「コミュニケーション」や「人間関係の形成」を中心にグループ指導

を受けていました。通級の授業で、スピーチやコミュニケーションゲームなど様々な自立活動を実施しましたが、いつも振り返りシートでの自己評価は低くつけ、「あれがダメだった、これはこうすべきだった」と自分にダメ出しばかりしていました。また「他者と会話している途中で、何か質問されると頭の中が真っ白になってしまい、答えられなくなる。」とこぼしていました。そのような自分に対して、「聴いて理解し、返答することが苦手だから、うまくなりたい」という願いを持っていました。

クラスメートと共に、どうしたら頭の中が真っ白にならずにすむのか考えて、聴く力のトレーニングやコグトレ（宮口，2015）の聴覚ワーキングメモリーを鍛えるプリントに取り組みました。さらに楽しいトレーニングとして、同じく光藤由美子さんからその楽しさを教わった、谷川俊太郎の『ことばあそびうた』（谷川，1973）に集録された「き」や『しゃべる詩　あそぶ詩　きこえる詩』（はせ，1995）に集録された、谷川俊太郎の「うしのうしろに」を活用してみました。このようなリズミカルに韻を踏んで楽しく遊べる詩を1フレーズずつ交替で諳んじることやそれぞれのフレーズの最初の一音のひらがなを板書しておき、それを手がかりに暗唱するなど楽しみながら、聞いたフレーズを覚えて暗唱しました。このような取り扱いは、自立活動の「環境の把握」に相当すると考えられます。

毎週、少しずつ取り組み、自信がついてきたのか、振り返りシートの5段階の自己評価に1や2をつけることはなくなっていきました。また頭の中が真っ白になりそうなときは、「ちょっと待ってください」ということが言えるようロールプレイでの練習にも取り組みました。通級指導の中で、すぐに返答できないときは「ちょっと待ってください」というフレーズが使えるようになっていきました。

1年間の指導の終盤で、クラスメートが欠席してしまい、1人だけの日があったので、その時に「リンゴの木」のお話を語ることにしました。授業開始当初は自己肯定感が低く他者をうらやむ気持ちが強かったけれど、1年かけて様々なことに取り組むうちに自己評価を高くつけることができるようになった彼女に、リンゴの木の気持ちを自分自身に重ねることができて、「自分は自分のままでよいのだ。自分を大切にすれば輝けるのだ」と気づくことができるか確かめてみたいと考えたからです。彼女の聴覚認知の弱さに配慮し、ホワイトボードにリンゴの木とモミの木を書いて、ゆっくりと進めました。急に語ることになったので、「キモ」である「横半分に切ったリンゴ」を仕込んでおくことはできませんでした。

しかしこの機会を逃すと同じような機会が巡ってくる保障はないので、最後まで語ることにしました。

　語り終わって感想を聞くと、「リンゴの気持ちがすごくよく分かる」ととても感動した様子で語ってくれました。次にホワイトボードに星の絵を描き足すよう促すと木の近くに星を数個描いていました。なぜそのように描き足したのか、リンゴを横半分に切った断面を見たことがないためなのか、障害特性のため聞いて想像することができなかったのかの判断はつきませんでした。いずれにせよ、リンゴの中に星があるということは、リンゴを横半分に切ると、種が星形に並んでいるのが見えるという意味であり、このお話はそれを活かしたお話です。それゆえリンゴの横の断面が「キモ」であると言えます。ならばそれを最大限活用するためには、事前にしっかり道具を用意しなければなりませんでした。「道具」の準備の重要性を痛感しました。

　リンゴの断面を見ての感動が与えられなかったことが口惜しくて、再度語りたいとその機会をじっと待ち続け、離任式の筆者の離任のスピーチに代えて、実物では小さすぎるので、模造紙大の大きさの赤いリンゴと横半分に切った断面の2枚の絵を用意して語りました。きっと彼女は「そういうことだったのか」と気づいてくれていることと思います。

（3）聞き取る力のチェックとしての活動

　3番目は、2年1人、3年3人の男子生徒のグループです。「雨を降らしたスズメ」（13章、お話集を参照）のお話を語って聞かせました。「雨を降らしたスズメ」は、日照り続きの村に雨を降らせてもらうため、天の神様のところへスズメがお願いに行こうとすると、「小さなお前には無理だ」とみんなに鼻で笑われたが、ハトとハゲタカが協力してくれて、天の神様のところへたどり着き、神様にお願いして雨を降らせることができたというあらすじです。

　年度当初の授業が始まって、まだ日が浅い2回目の授業で、各生徒の実態把握を行っている時期でした。そこで、お話を聞いて理解する力がどれくらいあるのか確かめる目的で、ストーリーテリングを使ってみました。語った後、いくつかの発問を行いました（表8-2）。

表8-2. 語りの後の発問

> 1. どんな鳥が出てきたか、質問する
> 2. 誰が誰を乗せたのかがわかるように絵に描かせる
> 3. お話を聞いて、頭に浮かんだことを二字熟語で書かせる

その結果、最初の質問には、「スズメ　ハト　タカ」という答えが返ってきました。2つ目の絵を描くという指示に、1人は上肢のマヒのため描かなかったのですが、他の3人はおおむねタカの上にハト、ハトの上にスズメが乗っている絵を描きました。そして最後に行った質問には、「協力」「勇気」と答えましたが、生徒の1人は「乾燥」と最初は答えました。お話の冒頭の「雨が降らないで、日照りが長く続いた」というフレーズが印象に残ったのでしょう。その後、他の生徒の書いた熟語を見て、「あっ」と小さく声を上げ、すぐさま「連携」と修正しました。なぜその言葉が思い浮かんだのか、さらに質問してみると、「ひとりでは無理でも、順番に飛ぶことで天に行くことができた」という答えが返ってきました。他者の考えに接することで、大切なテーマは「乾燥」ではなく、他にあると気づき、「連携」という言葉を思いつくことができました。

このような聴覚認知、記憶面でのお話の活用は、自立活動の「環境の把握」に、対人関係の学びが得られる場合は「人間関係の形成」に相当するのではないかと考えています。

3. おわりに

ストーリーテリングは、このように指導者の着想によって、様々な児童生徒の自立活動に様々な指導目的で活用することができます。指導者自身が楽しいお話に出会った時、生徒がどのような課題を抱えているのか、生徒のニーズにどうマッチさせるかを考えること自体が非常に楽しい作業です。またしばらく寝かせている間に、「あのお話を今やっているこの指導に使えるかもしれない」という気づきがわいてきます。指導者自身がお話によってエンパワーされていると言ってもよいかもしれません。

この楽しくて、指導方法として大きな力を持っているストーリーテリングを多くの人に知って活用してほしいと思います。そのために自分自身がストーリーテ

リングのよさを伝える側に回り、様々な機会を逃さず積極的に語っていきたいと思います。特別支援教育に携わる人にストーリーテリングのよさを伝える方法や工夫について模索しながら発信していきたいと考えています。

参考文献
はせみつこ（1995）『しゃべる詩　あそぶ詩　きこえる詩』14-15，冨山房.
宮口幸治（2015）『CD付きコグトレみる・きく・想像するための認知機能強化トレーニング』三輪書店.
文部科学省（2018）『改訂第3版障害に応じた通級による指導の手引　解説とQ&A』海文堂.
文部科学省（2018）『特別支援学校教育要領・学習指導要領解説　自立活動編』開隆堂出版.
谷川俊太郎（1973）『ことばあそびうた』福音館書店.

編 者 か ら の ひ と こ と

　自立活動は、「個々の児童又は生徒が自立を目指し、障害による学習上または生活上の困難を改善・克服するために行っている指導」で特別支援教育の要ともいえる教育課程ですが、特に高等学校での通級による指導では、自己肯定感や自己効力感を向上させ「心理的な安定」を図るということや、聴く力を測る・高めるなど、「環境の把握」をする領域を中心に、ストーリーテリングが教材としてふさわしいものであることを実証してくれたのではないかと思います。

　将来の仕事に生かせる体験としてストーリーテリングに参加した生徒は、お話を聞くだけではなく、自分も語ってみています。また、別の女子生徒は「リンゴの気持ちがよくわかる」と言って、主人公と自分とを重ねて同じ思いをしているのは一人ではないのだと気付いているようです。お話に支えられたり、主人公と共に（あるいは、なりきって）様々な経験ができたりと、お話を通して自立に向けた力を育むことは十分に可能であることを生徒たちが教えてくれていると思います。

　最近では、通級による指導のニーズが益々高まっていますが、「高校通級」だけではなく、小学校や中学校の通級による指導でも実践が広がり支援・指導が充実していくことに期待したいところです。

第9章　手話による読み聞かせと語り

箕浦　伸子

1. 聴覚障害のある子供たちの物語理解の困難

　　聴覚障害のある子供たちの文章を理解する能力は、小学校３年生レベルで困難を抱える傾向が見られます。小学校で学ぶ内容も、１年生では足し算や引き算など具体的な内容が中心となりますが、３年生になると割り算や分数など一気に学ぶ内容も複雑になります。

　　こうした具体的な事柄の学びから、抽象的な事柄の学習が中心となってくる小学校高学年以降では、言語的な発達や学力に遅れが見られる「９歳の壁」が課題となっています。

　　ことばの発達を考える上で、「一次的ことば」と「二次的ことば」があります。「一次的ことば」は、小学校入学前の日常生活の中において、親や兄弟などの特定の親しい相手とのやり取りで具体的な状況にたよって直接的に会話することばで、「二次的ことば」は小学校入学後の生活で使われるような、不特定多数の相手に伝えたり、抽象的な内容を理解したりするような状況にたよらないことばを指します（岡本，1985：図9-1）。

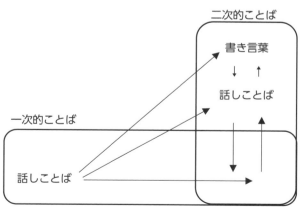

図 9-1　「一次的ことば」と「二次的ことば」の関連性

聴覚障害の子供たちにとって、耳からの音声入力は不十分な状態となりやすく、ことばの発達の土台となる「一次的ことば」を十分に発達させることが難しい場合があります。そのため、日常であまり接することのない単語の習得が難しく、文章を読む際は、自分の経験や知っている単語を手がかりに「単語読み」で文を理解する傾向が見られます（我妻，2000）。また、物語の理解に関しては、心情理解が聞こえる子供たちと比べると難しいことも指摘されており、特に文章に直接表現されていない登場人物の心情の理解に困難があるといわれています（深江，2009）。

現在、聴覚障害児教育において広く手話が使われるようになりました。先生や友達とのコミュニケーションが音声言語に比べてスムーズに行うことができるようになり、豊かなコミュニケーションが期待されています。

今回は、聴覚障害の子供たちにとって視覚的に理解しやすい手話による絵本の読み聞かせを取り上げ、読み聞かせのやり方や手話について紹介したいと思います。

２．聴覚障害のある子供たちへの絵本の読み聞かせ

（１）座り方
音声での絵本読み聞かせでは、子供は絵本を見たまま読み手の声を聞いており、読み手の顔をみなくてもストーリーを理解できます。しかし、手話での絵本読み聞かせでは、子供が絵本と読み手の手話を交互にみることで内容を理解していくため、読み手の膝に子供が座ったり、並んで座ったりするのではなく、対面が基本となります。

（２）表現される手話
絵本場面の働きかけについ、絵本の対話場面では通常の大人同士の会話で使わないような手話の形がいくつか見られ、手話を表現する場所（手話空間）を絵本の上や子供たちの体の上で手話を表現するなどの特徴があると言われています（鳥越，1999）。

その他にも、手話での共通した読み方として、文章にこだわり過ぎず、全体の流れをつかんで話すことや語順を入れ替える、絵や内容を説明するというやり方がみられます（玉井，2015）。

（3）視線

聴覚障害児への手話による絵本の読み聞かせでは、視線の共有が大切となります。通常、聞こえる子供たちへの読み聞かせでは、読み手も聞き手も絵本の絵に視線を向けながら絵本の内容を理解しますが、手話による絵本の読み聞かせでは、聞き手の視線は読み手の手話や絵本の絵、読み手の視線の先などへ移動します。

手話言語によるコミュニケーションでは特に協調的共同注意（コミュニケーションの相手と環境との意図的な注意の交換）が重要な意味を持ち、ろう[17]者の母親が子供に向けて読み聞かせを行う場合は、注意を自分自身に向けさせたり、より注意を惹きやすいような身振りをしたりするなど、聴者の母親に比べてより頻繁に用い、さらに子供の注意の焦点を高頻度で確認することが報告されています（田中・佐野，2017：レーダーバーグ・ビールーアルヴァレス，2015）。

3．手話のこと

手話については、世界共通や日本語に手話単語を当てはめたものと誤解されていることがありますが、手話は独自の文法を持った言語です。

また、手話を見たことがある方は、ろう者の方の表情が豊かだと感じたことがあるかもしれません。手話は指先だけで表現するものだと思われることがありますが、表情や眉の動き、頷きや体の動きなど、指先以外も組み合わせて表現します。

（1）手話の文法

「小さな子ガモ」の話をろう者の方に手話で表現してもらいました。語りの準備として、お話の内容が台詞・字幕無しのアニメーション動画で表現されたものを視聴し、動画の内容を文章化したものも確認しています。

17　ろう：重度の聴覚障害があり、補聴器等でも音声を聞くことが困難で、おもに手話を使って生活している聴覚障害者のこと

① NMM（Non − Manual Markers ／非手指動作）について

　手話を表現する際に、手や指の動きだけのように思われることが多いのですが、眉や顎、目の動きといった手指以外の表現は文法の機能があり、それがなければ不自然な手話となってしまいます。一例になりますが、口の形だけでも様々な意味を含んでいます。

表9-1

口形	意味	目の開き方	眉の位置
パ	完了、不可逆性	無標（ふつう）	無標（ふつう）
ピ	小さい、無意義、劣る	大きく開く	上げ
プ	感情や出来事の「不連続性」	細める	下げ
ペ	物理的な「軽さ、薄さ」	閉じる	
ポ	出現、成就		

木村・市田（2014）

　ろう者の表現では、NMM は登場人物の感情（喜び、驚きなど）や翼の大きさなどの程度やほしいと願う気持ちの度合いを表す際に、目をつむる・見開く、口元を閉じるなどの NMM が見られました。

② CL（Classifier ／類別詞）について

　手話の特徴として、CL 表現があります。CL（類別詞）とは、ある基準に従ってグループ分けを行うもので、細長いもの、厚みのあるもの、薄い紙など、そのものを表す際には、共通した表現ルールがあります。

　CL 表現のもう一つのカテゴリーとして、実体 CL（縮小サイズ）と操作 CL（実物サイズ）があります。今回の絵本の中で、子ガモが池に落ちて溺れてしまうシーンがありますが、その際の表現では、「歩く（実物）→石（実物）→こける（縮小）→落ちる（縮小）→溺れる（実物）」などサイズを変えながら表現されています。下の写真に示した手話表現は、左から順に、歩く（実物）→石（実物）→こける（縮小）→落ちる（縮小）→溺れる（実物）を表現します。

③ RS（Role Shift ／ロールシフト）

手話で話す際に、一人で何人もの話し手の役割を担って表現する方法をロールシフトといいます。落語家の体の向きを変えて、声の調子を変えるような動きに似たものですが、手話話者は視線の変化で話者を切り替えながら表現をします。

今回のお話の中で出てくる身体状態の変化を語る「あっという間にかっこいいくちばしになりました」「あっという間にフラミンゴの足になりました」「あっという間に子ガモのお尻にきれいな孔雀の羽根がつきました」の箇所においては、ろう者の手話表現では日本語の文章通りに手話単語を当てはめるものではなく、そのくちばしや足、お尻に羽が生える過程を含めて表現するなどの特徴が見られました。具体的には、くちばしを叩いて伸ばしたり、足がすこしずつ伸びる様子、お尻を揺らしながら孔雀の羽が生える様子などが表されていました。また、その時に実際にくちばしや足が伸びて驚いたり、嬉しそうな表情もありました。また、フラミンゴの足になる部分は登場人物の視点が高くなるため、上から見下ろすような視線の変化がみられました。

４．聴こえる子供たちと手話との出会い

一方聴こえる子供たちに手話を通して読み聞かせを行った場合、どのような反応が見られるのでしょうか。某幼稚園の５歳の子供たちに手話で「おおきなかぶ」のお話会をしました。今回のお話は、子供たちもよく知っている内容ですが、ろう者が絵本などは使わずに、手話のみでのお話をしました。手話通訳者も同席していますが、物語を語っている際は手話のみで、音声での通訳はありません。初めてろう者と出会い、手話を見た子供たちに下記のような反応がありました。

【手話を初めて見た子供たちの反応】
①手話はわからないが想像して、ろう者に音声で単語を伝える
　（例：ライオンかな？かえるかな？）
②ジェスチャーなど、その主人公の動きを真似る
　（例：腰の曲がったおばあさんが登場すると、その動きを子供たちも真似る）
③ジェスチャーではなく、手話の表現を真似る
　（例：この場合は音声での声掛けが必要となり、「うさぎはこう表現します」と

伝えると一緒に表現する）
④自分なりに手話を作ってみる
　（例：ソフトクリーム）

●手話「ソフトクリーム」
　上の手をまわしながらしぼめること
で、ソフトクリームを作っている様子
を表現する

●幼児の作った「ソフトクリーム」
　ソフトクリームの形から表現しよう
としている

　最初に、「今日お話をする方は、耳が聞こえません」と先生からお話があると、
子供たちは戸惑ったように黙ってしまいました。耳が聞こえない、音声が聞こえ
ないという人と会うことが初めてで、耳が聞こえない人がいることを理解するこ
とに少々時間がかかったようでした。ただ、物語が始まると真剣に手話を見て、
一緒に真似たり、クイズのように表現を当てたりしていました。手話での読み聞
かせも、聴覚障害の子供たちだけではなく、聴こえる子供たちにとっても普段と
は違った新鮮な体験となり、想像力を膨らませながら物語を理解したり、自分な
りに手話を考えるなど、聴こえる子供たちにとっても、物語を楽しめる場である
と感じました。手話独特の身体で表現されることばの面白さを、共有することで
聴者と聴覚障害者の交流を促進し、インクルーシブな学習環境を目指すときの参
考になるでしょう。

5．ろう教師からろう児への読み聞かせ注意点

　手話による絵本の読み聞かせに関して、様々な研究が行われている中で、ろう教師がろう児への読み聞かせを行う際に守るべき 15 項目の原理（鳥越，1999：Schleper，1997）を提案していますので、下記の通りご紹介します。絵本等文字を使用しないお話の語りにおいても参考になる注意点が示されています。

1.　　ろうの読み手は、物語をアメリカ手話に翻訳する。

2.　　ろうの読み手は、２つの言語（英語とアメリカ手話）とも、子供に見えるようにする。

3.　　ろうの読み手は、テキストを精緻化する（文字通りに読むだけでなく、発展させる）。

4.　　ろうの読み手は、語り（story-telling）と読み（story-reading）の連続体上で、繰り返し読み聞かせを行う。

5.　　ろうの読み手は、子供のリードに従う。

6.　　ろうの読み手は、（物語で）意味していることを明白にする。

7.　　ろうの読み手は、ストーリーに合わせて、手話の産出する位置を変える。

8.　　ろうの読み手は、登場人物に合わせて、手話のスタイルを変える。

9.　　ろうの読み手は、ストーリーの中に出てくる概念を、現実の世界の中で関連付ける。

10.　　ろうの読み手は、注意維持ストラテジーを用いる。

11.　　ろうの読み手は、子供の参加を誘うため視線を用いる。

12.　　ろうの読み手は、ストーリーの中に出てくる概念を広げるためにロールプレイを行う。

13.　　ろうの読み手は、繰り返し出てくる英語の句を手話で表現するために、アメリカ手話のバリエーションを用いる。

14.　　ろうの読み手は、子供に対して、肯定的で、支持的な環境を作る。

15.　　ろうの読み手は、子供が読み書きできることを期待しうる。

　手話による絵本の読み聞かせは、音声言語の場合と共通する部分もありますが、

上記のように手話だからこそ見られるやり方もあります。聴覚に障害のある子供たちへ手話の読み聞かせやストーリーテリングを行う際の参考にしていただけたら幸いです。

参考文献

我妻敏博（2000）聴覚障害児の文理解能力に関する研究の動向，特殊教育学会，38（1），85 – 90.

我妻敏博（2000）聴覚障害児の言語力の問題点．電子情報通信学会技術研究報告，TL，思考と言語，100（480），47 – 52.

岡本夏木（1985）『言葉と発達』，岩波書店．

木村晴美・市田泰弘（2014）『はじめての手話』，生活書院．

田中瑞穂・佐野愛子（2017）「ろう児のための日本手話による絵本読み活動：ろう児と聴母のより豊かなコミュニケーションを目指して」，母語・継承語・バイリンガル教育（MHB）研究（13）pp.92-112，2017 年 3 月 31 日，https://hdl.handle.net/11094/69354，2021 年 4 月 3 日.

玉井智子（2015）手話をまじえた絵本読み聞かせ：合理的配慮に基づく環境整備に関する一考察，松山大学論集 26（6），273 – 322.

徳永豊（2003）乳幼児の発達における共同注意関連行動について，科研報告書 重度・重複障害児のコミュニケーション行動における共同注意の実証的研究.

鳥越隆士（1999）聾教育における手話の導入，兵庫教育大学研究紀要，第 1 分冊学校教育，幼児教育，障害児教育 01 学校教育，幼児教育，障害児教育（19），163 – 171.

鳥越隆士（2003）聴覚障害児童に対する国語科指導のための手話教材ビデオ制作の試み．兵庫教育大学研究紀要，第 1 分冊，学校教育，幼児教育，障害児教育 23, 97-107.

鳥越隆士・武居渡（2019）第一言語として手話を獲得しつつあるろう児はどのように日本語を学んでいるのか？絵本読み場面の分析．手話学研究 28（1），1 – 19.

深江健司（2009）聴覚障害児の文章理解の特徴に関する研究—事実レベルと推論レベルの理解とその関連性の検討—，特殊教育学研究，47（4），245-253.

レーダーバーグ・エイミー，ビールーアルヴァレス・ジェニファー（2015）「意味の表出―前 言語コミュニケーションから語彙の形成まで」マーシャーク，M.・スペンサー，P.E. 編『オックスフォード・ハンドブック デフ・スタディーズ ろう者の研究・言語・教育』（pp.438-467）明石書店.

Schleper, D.R.（1995）Read it again and again and again. Perspectives in Education and Deafness, 14（2），16-19.

編 者 か ら の ひ と こ と

　音声言語とは異なる手話言語においてお話がどのように語られるかについては、私たちが推奨するマルチセンソリーの中でも重要な意味を持つ身体の動きを用いた表現であるため、まずその現象自体極めて興味深いものです。「小さな子ガモ」を手話で語るその場面を編者自身も動画で視聴しましたが、中でも空を飛ぶ鳥の様子を手話で表す時の、大空と地上という広大な空間を感じさせるような身体表現に度肝を抜かれたことが忘れられません。腕や手、上半身の動きで物理的なものや情景の様子だけでなく、出来事への反応や感情等の内面も顔の表情と合わせて表現できるため、ストーリーテリングにおいて手話による語りを視聴する経験は、表現力を培う意味でも大変貴重であると考えます。

　箕浦さんの実践経験のうち、本章第4節のろう者による語りを健常幼児が視聴した実践場面は、子供たちがろう者と空間を共有し、その豊かな身体表現を見て意味を推測したり、表現のあり方を楽しむプロセスを述べたものとして珍しいケースですが、その様子から子供たちが身体表現と親和性がどれほど高いかを推察できます。子供たちが持つ潜在的な能力を引き出し、身体表現の交換によって、相手がろう者であるかどうかにかかわらず、コミュニケーションが生まれるという経験は、インクルーシブな社会を目指す意味で、積極的に教育に経験の機会を取り入れていく価値があるものではないでしょうか。

第10章

小学校外国語活動における実践
—「小さな子ガモ」—

林　奈津美

1．活動のねらい

　本実践は 2017 年 2 月に小学校 5 年生 32 名を対象として行ったものです。英語科（2020 年度〜）の開始を目前に、外国語活動の授業の一環として導入しました。対象学級には特別な教育的ニーズのある子供が複数名在籍し、一斉授業での理解の程度差が大きいという課題がありました。多様な背景をもつ児童がそれぞれに満足を得られるような活動を目指したとき、一つの提案として、聞き手を次第に参加者として語りに巻き込んでいくという特徴をもつマルチセンソリー・ストーリーテリングを試してみたいと考えました。そもそも読み聞かせや素話は、子供の大好きな学習活動の一つで、物語性のある教材は「ストーリーを理解したい」「面白さを見つけたい」という思いを引き出します。これをマルチセンソリー・ストーリーテリングに発展させた上で外国語活動に取り入れることで、聞き手にも役割を与え、物語を共有することができ、ただ聞いて終わる受動的な活動に止まらない言語刺激を与えることができるかもしれません。また、語り手が声と身体表現を多用して伝えることで発話状況への理解も促せるでしょう。

　そこで、相手に自分の欲しいものを伝える "I want 〜 ." という表現の学習にあたり、「ほしいものを 気持ちをこめて 伝えよう　〜英語の物語を みんなで味わおう〜」という目標を設定し、マルチセンソリー・ストーリーテリングの手法を取り入れた授業を構成しました。

　観点別のねらいは次の通りです。

表 10-1．マルチセンソリー・ストーリーテリング『小さな子ガモ』の観点別ねらい

> ・欲しい物について積極的に発話することができる。（コミュニケーション
> への関心・意欲・態度）
> ・欲しい物について様々な表現で伝えることに慣れ親しむ。（外国語への慣
> れ親しみ）
> ・欲しい物を伝えるときに、丁寧な表現があることに気付く。（言語や文化
> に対する気付き）
> ・聞きとることや適切な箇所で参加することを通して、物語を味わうことが
> できる。（音声への慣れ親しみ）

2．単元の構成手順

　単元の中にマルチセンソリー・ストーリーテリングをどのように配置するかについては、様々な可能性があります。第１時の冒頭にストーリーテリングを行い、その中で使用した表現についてその後少しずつ指導していくという流れも可能ですし、物語を場面ごとに分け、毎時間少しずつ学ばせていくという方法もあります。今回は、単元の中で学習してきたことを基に英語の語りを味わい、楽しむという体験をしてほしいという願いからマルチセンソリー・ストーリーテリングを単元の最終活動として位置づけました。外国語活動の単元は３〜４時間構成が基本であり、今回は全３時間で構成しました。第１時・第２時はストーリーの理解を促すための準備を重ねる時間として、物語の主要な語彙や表現に慣れ親しむ活動を中心とし、第３時に英語でのマルチセンソリー・ストーリーテリングを実施しました。児童には最終時の内容は予告しておらず、前時までの学習がそのための準備であることも明示しませんでした。単元計画の手続きについて、以下にまとめます。

（1）物語を選定する

　語る物語を選ぶにあたっては、まず語り手となる自分自身が「その物語に共感できるか」ということを大切にしました。その上で「本単元で身に付けさせたいキーセンテンスを含む文脈を持っている物語であるか」ということを吟味しました。今回語った物語『小さな子ガモ』は、主人公の子ガモが様々な鳥に憧れ「欲しいなあ」とつぶやく度に身体の一部が変身していくという短い物語です。学習

表現 "I want 〜 ." は、外国語活動の場合多くは "What do you want?" の問いに応答する表現として扱われ、やりとりの練習が中心となります。外国語活動の補助教材 "Hi, friends!" の中でも、欲しいものを友人に尋ねる状況で "What do you want?" に応答する形で扱われています。"I want 〜 ." は、このように他者とのやりとりの中で扱われることの多い表現である一方、独り言として自分の気持ちを表す際に用いる表現でもあります。この『小さな子ガモ』における「誰に何を問われたわけでも無い子ガモが、一人で願望をつぶやき続ける」という発話状況は、幼い子供によく見られるもので、小学生の児童にも共感できるものでしょう。今回の授業では、このような自発的な "I want 〜 ." 表現に出合わせることで、他者とやりとりをする場面だけでなく、自分から願望を表したいときにも使用できる表現であるということを自然に感じさせたいと考えました。

（２）脚本を整え、理解に必要な支援を用意する

選定した物語『小さな子ガモ』の原文を、授業に取り入れるマルチセンソリー・ストーリーテリング用の脚本として対象児童の現時点での知識や発達段階を踏まえた上で整えました。ここでは、語彙を児童の既習単語に置き換えたり、身に付けさせたい表現を新たに加えたりすることで、指導内容を精選することを目指します。例えば、原文には三人称 ‘He’（未習表現）が使われている部分を ‘I’ に統一する、‘pleased’ を既習表現 ‘happy’ に置き換える、未習語である ‘swim’ を児童が「スイミングスクール」等の単語で耳にしたことがあると思われる ‘swimming’ に変形させる、直感的な理解を促すために間投詞 "Oh!"、"Yeah!" やオノマトペ "Tap! Tap!"（足踏みの音）、"Flutter! Flutter!"（羽ばたく音）といったつなぎ言葉を適宜補足する、等です。

以上の手続きによって整えた脚本を次に示します。尚、下線部は児童が語り手と一緒に発話する箇所、★マークはその合図となる語り手によるセリフや身振りの箇所です。また、5段落目の日本語表記「およげないよ…」の箇所のみ未習表現 "I can't swim." の意味を補足するために日本語を付け足して語ったことを補足しておきます。

表10-2　授業用　脚本「小さな子ガモ」

The little duckling sees a flamingo.
"★ Oh! Beautiful legs! **I want beautiful legs, please!**"
Suddenly the little duckling's legs changed to flamingo's beautiful legs. (Tap! Tap!)
"★ Yeah! **I'm happy!**"

The little duckling sees a peacock.
"★ Oh! Beautiful tail! **I want a beautiful tail, please!**"
Suddenly the little duckling's legs changed to peacock's beautiful tail. (Sparkle! Sparkle!)
"★ Yeah! **I'm happy!**"

The little duckling sees an eagle.
"★ Oh! Beautiful wings! **I want beautiful wings, please!**"
Suddenly the little duckling's wing changed to eagle's beautiful wings. (Flutter! Flutter!)
"★ Yeah! **I'm happy!**"

"My friends are swimming. Look! Look! "
"Oh! Beautiful! Let's swim." "Yes!" (and jumps into the water.)

Beautiful legs. Glug! Glug! I can't swim. （およげないよ…）
Beautiful tail. Glug! Glug! I can't swim.
Beautiful wings. Glug! Glug! I can't swim.
"I want my legs, my tail, and my wings, please!"

Suddenly the beautiful legs changed to duckling's legs.
The beautiful tail changed to duckling's tail.
The beautiful wings changed to duckling's wings.
"I can swim very well. I'm very happy!"
★ 1, 2... （指でカウントする） **The end**.

　実施にあたっては、語り手の音声や身振りを主な手がかりとさせつつも、全体の理解を補い、物語に引き込むためにいくつかの視覚支援を用意しました。実際の子ガモの写真をモニターに映す、児童の参加する台詞を掲示物で示す、子ガモが他の鳥の身体を羨む場面では欲しいパーツのカードを封筒（図10-1 中央の？マークが描かれたもの）から少しずつ取り出す、といった支援です。

図 10-1　ストーリーテリングに使用した小道具の一部
（左　児童の参加台詞の掲示　右　鳥の体の部位カード）

（3）本単元のキーセンテンス・語彙の指導方法を考案する

　整えた脚本を基に、全て英語で語られる物語を児童が自力で理解するためには前時までにどのようなことを知っておく必要があるかを逆算し、学習活動を組み立てていきます。第1時では "I want 〜." の表現と身体の部分の語彙を知ることを目的とし、友達とカード（鳥の身体のパーツが描かれたもの）を交換しながらオリジナルの鳥を完成させる活動「トレードタイム」を行いました。次に、第2時では形容表現 'beautiful' を知った上で、様々なキャラクターになりきって "I want 〜." と欲しいものを伝え合う「なかまあつめゲーム」を行いました。

表10-3. マルチセンソリー・ストーリーテリング『小さな子ガモ』を最終活動に組み込んだ単元構成

第1時	第2時	第3時
はじめのあいさつ→ウォームアップ→本時の目標の確認		
・キーワードゲーム ・トレードタイム 　～オリジナルの鳥を作ろう～	・前時の振り返り ・Beautiful をつけて言ってみよう ・なかまあつめゲーム	・前時の振り返り ・お話の紹介（登場人物）・ストーリーテリング *The Little Duckling*
振り返り→おわりのあいさつ		

表10-4. 第1時　学習指導案

目標	欲しいものを伝えあおう！	
過程	学習活動	指導上の留意点
導入 5min.	○あいさつ "Hello" "How are you?" ○今日のジェスチャー "Come in." "Good luck!" "Let me see…" "OK!"	・あいさつから会話を始めるように促す。 ・動作をつけながら発音させることで、表現の定着をはかる。 ・写真とともに日常会話でよく用いられるジェスチャーを紹介する。
展開1 10min.	○単語練習 ・キーワードゲーム （ペアになり、教師に続いて単語をリピートする。キーワードが聞こえたときだけ相手の指を掴む。） 語彙 legs, tail, wing, eye	・絵カードで示しながら、鳥の身体の部位を表す言葉を繰り返し聞かせ、発音させる。 ・教師が語頭の l, t, w, e を強調しながら発音することで、子音の音の違いや口形の違いに気付かせるとともに、子音の響きから語全体を推測できるようにする。
展開2 20min.	○表現練習 ・トレードタイム A: "Hello." B: "Hello." A: "○○ , please." （持っている場合） B: "OK. Here you are." （持っていない場合） B: "Sorry. Here you are." A: "Thank you." （交代して繰り返す）	・人に依頼をする場合には "please." を文末に付けなければ失礼であることを伝える。 ・それぞれが鳥の身体の部位のカード（絵柄も少しずつ違っている）を5枚ずつ持ち、相手を見つけながらほしいパーツを伝え合って、交換する。 ・集めたカードを組み合わせながらワークシートにのりで貼り付け、完成した鳥にオリジナルの名前を付けさせる。
終末 10min.	○振り返り ・ワークシートに気づきを記入する。 ○あいさつ	・様々な観点から学びを振り返ることができるよう、「発見したこと」「もっと知りたいこと」「おうちの人や下級生に教えたいこと」という3項目を設定する。

表 10-5　第 2 時　学習指導案

目標	欲しいものをくわしく伝えよう！	
導入 5min.	○あいさつ "Hello." "How are you?" ○今日のジェスチャー "Come in." "Good luck!" "Let me see…" "OK!" "Hi, five!"	・あいさつから会話を始めるように促す。 ・動作をつけながら発音させることで、表現の定着をはかる。 ・写真とともに日常会話でよく用いられるジェスチャーを紹介する。
展開 1 3min.	○前時の復習 語彙 legs, tail, wing, eye ○形容詞 'beautiful' の発音練習	・スライドを用いて前時の復習をする。 ・音節数が多い 'beautiful' の強勢位置、名詞と組み合わせたときの強勢移動を意識させる。
展開 2 10min.	○新出語句の練習 語彙 beautiful 　　　 horns, ears, bill, fins 慣れてきたら 表現 I want (形) + (名).	・前回の振り返りにおいて「もっと知りたい」という意見があった身体の部分を中心に新出単語を練習することで、意欲を高める。 ・'I' を強く発音しがちである "I want 〜." のイントネーション（want を強調する）を、図に表わすことで意識させる。
展開 3 10min.	○表現練習 ・なかまあつめゲーム A: "Hello." B: "Hello." A: "I want ○○ ." B: "I want ○○ ." 相手と同じなら "Hi, five!" "Let's go!" 異なっていたら "Thank you." "See you."	・自分の身体に好きなパーツを付け足せるなら、どの部分が欲しいか選び、その絵カードを手に持っておく。相手と欲しいパーツが同じであれば仲間になり、一緒に次の仲間を探しに行く。 ・音声でのやりとりから考えることができるよう、お互いに持っているカードは見せないように気をつけさせる。
終末 10min.	○振り返り ・気づきを記入する。 ○あいさつ	・音声面での気づきを振り返るために「発音していて気がついたこと」を項目に追加する。

3．ストーリーテリングでの工夫

（1）聞き手の反応を予測して、手がかりを用意する

　ストーリーテリングは多くの子供たちが大好きな活動ですが、英語で聞く場合、子供たちは楽しみな気持ちと共に「自分に内容が理解できるだろうか」という不安を抱えています。特に動詞の語彙が少ない小学生に物語を伝える上で重要となるのが、語り手による動作化です。しかし、全てを身体表現しながら語ることを前提とすると、子供はその動きのみを頼りにしてしまい肝心の英語音声へ注意を向けなくなってしまいます。そこで、まずは音声表現のみで語り、子供たち

の反応に応じて支援を加える調整が必要となります。例えば、この物語に使われる 'change' という動詞は今までの授業で学習したことのない単語でした。まずは音声のみで伝えますが、子供たちの目線や頷き、表情などを見るとよく分からないように思えました。そこでもう一度、今度はモニター上の子ガモの写真にフラミンゴの脚のカードを重ねながら音声も強調して抑揚を付けながら伝えます。一部の子供がそこで 'change' は何かが変わる、変身するといった意味のようだと気づきます。全員が理解している訳ではないということも汲み取れましたが、あまり繰り返すと指導的になってしまうためそのまま次の文へ語りを進めました。'change' は何度も物語に登場するため、初回で意味がよく掴めなかった児童も、2回目、3回目と繰り返す内に「ああ」と何かに気づいた表情を見せてくれました。このように、子供たちが目の前で見せる反応を確かめながら、用意した支援を必要な時に必要な量だけ与えることができることが、対面でのストーリーテリングの魅力だと感じます。語り手主導でヒントを与えすぎず、最低限の支援のラインを探りながら語ることが「自分で英語のストーリーが分かった！」という達成感につながるはずです。

（2）物語に参加させる

「聞く」ことが主になりがちなストーリーテリングにおいて、特に外国語の指導場面では児童にも発話機会を与えることが有効だと考えます。そもそも、母語でない言語でのまとまった音声を聞き続けることは大人にとっても大変ストレスがかかる行為です。小学生の場合は母語であっても自分の知らない語彙が複数使われ始めた途端、聞こうという気持ちが瞬時に弱まっていく様子が見てとれます。ましてや英語で聞く物語では、聞くだけの形式の場合難しくなると「もういいや」とさじを投げて途中から耳を閉ざしてしまいかねません。自分たちにも台詞が与えられており、その合図はいつ出されるか分からないという状況の中で語りを進めることで、子供たちの物語への参加意識や注意力を高く保つことができました。また、同じ台詞であっても、物語の状況理解が深まる中で子供たちの表現性が増していくことも期待できます。従って、子供たちの参加する台詞は学びの中心としたい表現や物語の中で繰り返し使用される表現が望ましいと考えます。

4．児童の反応

　当時、ALT による授業は各学期に 1 度ずつしか行われておらず、対象児童にはまとまった英語を集中して聞くという経験はほぼありませんでした。もちろん初めて出合う物語を全て英語で聞くという今回の活動は、未知のものです。授業の振り返りにも、語りを聞く前には「全部英語で話すと言われてこわかった」「自分に分かるかなと思った」と英語によるストーリーテリングに不安を感じていたことを複数児童が書いていました。

　しかし、実際にお話が始まると物語のストーリーへの興味を支えに、聞き取れなかったり意味が分からなかったりした部分があっても授業者の身体表現や声色から内容を予想して全体の意味を自分から拾い集めることができたという児童がほとんどでした。中には物語のあらすじを理解できただけでなく、主人公の気持ちに寄り添って「他の人の物が欲しくなる気持ちは当然だけど、やっぱり元の自分の姿が一番良いのだなと思った」と作品のメッセージを読み取った児童、「言葉だけでなくジェスチャーも付けると、聞いている人は分かりやすいと気づいた」と教師の語る姿を通して、非言語を用いた伝え方の工夫に注目した児童も見られました。児童はマルチセンソリー・ストーリーテリングへの参加を通して、パターンプラクティス（学習表現を繰り返し唱える練習）での学習活動を基本としていた普段の外国語活動の学びとは少し異なる「自分から意味を探していく探求的な学び」を経験していたといえるでしょう。

　最後に、本実践の中で特に印象的な反応を見せてくれた A くんの事例を紹介します。A くんは高機能自閉症と AD/HD の診断を受けており、言語理解力は当時 5 歳程度と推定されていました。集団学習に参加しづらい教科が多くある児童でした。そんな A くんが、このマルチセンソリー・ストーリーテリングの開始直前、児童が参加する台詞を練習する中で、その表現にどんどん感情移入し声色を変化させていったのです。目を瞑り、堅く組んだ両手と頭を横に振りながら険しい表情で "please!" と叫ぶ様子は、まさに祈るような気持ちで願いをつぶやく子ガモそのものでした。本番のストーリーテリングが始まり、児童の参加場面が進行していくにつれて、周りの児童も A くんの表現の豊かさに気づき始めました。数人が台詞の言い回しを変化させ、それが繰り返される中で、遂にはクラス全体の表現が A くんに似通ったものとなりました。これは、それぞれの児童

が物語の内容を少しずつ理解し、主人公の子ガモに感情移入していく中で、Aくんの音声表現が場面にふさわしいものと判断し、自ら取り入れていったことの表れでした。授業の振り返りにも「Aくんは感情が豊かですごいと思った。」とAくんの表現への感動を表した児童が何人もいました。このように、友人たちの目がAくんの表現に純粋に向けられ、かつ肯定的に受け入れられていくという現象は、他教科の授業場面においてはほとんど無かったものでした。英語の音声に強く反応する聴覚、また興味を持った対象にのめり込むというAくんの特性が、マルチセンソリー・ストーリーテリングという活動に合致していたのかもしれません。

図10-2. ストーリーテリングを行う筆者と聴く児童の様子（子ガモが溺れる場面）

　学習指導要領（平成29年度版）に発達障害を含む障害をもつ児童への配慮事項が新たに追加されたことからも、日本がインクルーシブ教育システムの構築を目指す中で、個々の児童の困難さに応じた指導内容や指導方法を工夫することは今後ますます求められていくでしょう。この、Aくんと周りの児童との間に起きた事象を見て、マルチセンソリー・ストーリーテリングのようなそれぞれの児童の多様な感覚に働きかけることのできる学習活動を取り入れていくことが、インクルーシブな学習環境を生み出す具体的な手立ての一つとなり得るだろうと強く感じています。

参考文献

Wright, A（2009）. Storytelling with Children, Oxford: Oxford University Press.

文部科学省（2012）.『Hi, friends!1』東京書籍.

文部科学省（2017）.『小学校学習指導要領（平成29年告示）解説　外国語活動・外国語編』開隆堂.

編者からのひとこと

　林さんの実践は、教科化が予測される緊迫した当時の小学校英語教育事情を背景に実施されました。小学校で英語の授業をするというだけでも負担感がある中では、絵本が教材になることはあっても、お話の世界と外国語教育を融合させる授業の方法については模索中でした。そのような状況下で、お話を楽しみながら外国語を学ぶ試みとして、林さんは果敢にもマルチセンソリー・ストーリーテリングを活用して挑戦したのでした。しかも、教室をインクルーシブな環境にしようと日々奮闘する地域の学校での挑戦には、MSST が持つ普遍的な学びの力の有効性を見る意味でも、貴重な教育学的意味もありました。

　本章第2節で示された指導案で確認していただけるように、学習単元の流れは効率がよく、表現に慣れ親しんだ上で意味を推測しながらお話語りの視聴を楽しむという、学習した知識を活用して（音声や身体表現等の）文脈情報を総合させて言語を学ぶ流れの、言語学習上理想的な方法として実現しています。さらに、共に実りある刺激的な学びを共有することで、支援を必要とする児童を同級生たちが肯定的に受け止めるようになり、学級経営上の成果にもつながったと言えます。今後の英語教育の新しい授業方法として大いに期待できると考えます。

<table>
<tr><td>第11章</td><td>

自分の思いや考えを 綴る（語る）活動
―「高校通級」での取り組み―

</td></tr>
</table>

川浪　幸子

1. はじめに

　筆者は、高校の通級担当教員をしています。その前は、高校の国語科の教員でした。いわゆるストーリーテリングを実践したことはないのですが、教科指導や通級指導を通じて生徒の表現を促す取り組みを行ってきました。生徒が自分の中にある思いや考えを語る（言語化する）という意味ではストーリーテリングと言えなくもない、ということで、取り組みの一端をご紹介いたします。

2. 他者の存在

　筆者が勤務している市の市立高校では、通級担当教員が各高校を巡回して指導に当たるという形をとっています。基本的に生徒と教員の1対1で行っていますが、同年代の他者との関わりを通じて成長する部分も大きいので、1対1の通級の中ではあっても他者の存在を感じさせる工夫をしています。その一つが「悩み相談にこたえる」という活動です（図11-1 〜 11-6）。

　「他の学校で通級をしてる子が、こんなことで悩んでいるの。ちょっとアドバイスしてくれへん？」と持ちかけると、普段はなかなか自分の思いを出しにくい生徒でも、また、自分のことばかり一方的に話す生徒でも、顔も名前も知らない他校の通級生の悩みに寄り添って、自分なりのアドバイスを一生懸命考えて書いてくれます。

　何人かの悩みにこたえているうち、自分の悩みについても他の通級生の意見を聞いてみたいと思うようになる生徒もいます（そうして書いてもらった悩みをプリントにして、別の生徒にアドバイスを書いてもらい…という、エンドレスの活動です）。

　この活動がきっかけとなって、他者との交流がほとんどなかったある生徒は、

外の世界とつながりたいという意欲を持ち始めました。また、それまで文字と文字の間隔がぎゅうぎゅう詰めで読みにくい字を書いていたある生徒は、この活動では相手の存在を意識できたのか特に指示しなくても間隔を空けて書き、それ以降読みやすい文字間隔で書くようになりました。多くの生徒が、人の役に立てる喜びを感じたり、相手のために考えたことが自分の直面している問題を解決するヒントになったと感じたりしています。

　「実在している特定の相手に自分の言葉を届けるんだ」という意識が生徒たちにもたらす影響は大きいと感じています。

3. 指導上の留意点

　図 11-1、11-3、11-5 のように、「悩み相談」のプリントには、相談者の悩みを活字に直して載せています。これには、活字にすることで匿名性を高め、心の内を表に出すハードルを低くするねらいがあります。このプリントにアドバイスを書いてもらい、直筆のものをそのまま相談者に渡します。これは相談者に「実在する他者」を実感してもらいたいからです。また、相談者からアドバイスを書いた生徒へお礼を書かせています（図 11-2、11-4、11-6）。これは、アドバイスを書いた生徒に、自分の言葉が相手に届いたことを実感してもらいたいからです。

　悩みとは言えないほどの「ちょっと聞いてみたいこと」から、深刻な悩みまで、いろいろな「悩み」のうち、どれをどの生徒にこたえさせるかは、思案のしどころです。相談者が一歩を踏み出すヒントになるようなことを書いてくれそうな生徒にアドバイスを頼む／その悩みについて考えることで自分自身への答えも見つけてもらいたい生徒にアドバイスを頼む／同じようなことで悩んでいる生徒にアドバイスを頼み「自分だけじゃない」と感じてもらう等、相談者とアドバイザーが良い影響を及ぼし合うであろう組み合わせを考えています。

　ところで、この活動では「書く」という手段を用いてはいますが、書くことよりも、相手の悩みを受けとめて相手に心を寄せてアドバイスを考えるということに重点を置いています。ですから、書くことを無理強いしませんし、文章の巧拙を問題にすることもしません。読み書きに困難のある生徒や、文字や文章を書くこと自体に多大なエネルギーを要する生徒等の場合には、相談者の悩みについて考えたことを語ってもらい、それを筆者が相談者に伝える形にしています。けれど、それ以外の生徒に対しては「やることを明確に具体的に示す」「生徒に自分

の役割（この場合は、アドバイスをする役割）を自覚させる」「何のため（この場合は、アドバイスを求めている人がいるため）にやるのかを理解させる」という点を大切にしながら働きかけると、文章を書くことが苦手な生徒であっても、自然と「文章を書かなければいけない」という意識が遠のき「アドバイスをする」ということに集中できるようです。普段は支援される側であることが多い生徒たちにとって、アドバイスする＝支援する側に立つということも、やる気が起きる一因なのかもしれません。

4．生徒 A のケース

　ある定時制高校の先生がこのような取り組みをおもしろがってくださり、通級を申し込んでいない生徒に対して同じようなことをやってもらえないかと言ってくださいました。その生徒（以下、生徒 A）には吃音があり、それを気にして、思いを言葉にして出すことがあまりできていませんでした。

　生徒 A は通級生ではないので、学級担任の先生を介して関わっていくことになりました。担任の先生に教材の意図を理解していただいたうえで生徒 A に説明していただき、自宅で書いてこさせます。提出してきた文章にどんなコメントやリアクションを返すのか、書かれたものから読み取れることは何か等を担任の先生と一緒に考えながら進めていきました。

　結果的に、書く活動を通じて、生徒 A の中にこんなに言葉があったんだ、こんなに豊かな世界が広がっていたんだ、ということを周りの大人が発見することになりました。また、生徒 A は、しゃべることへの心のブレーキがだんだん緩くなってきたようで、つっかえながらも自分からの発信が多くなりました（これは、担任の先生との関係性が深まった等の要因も大きいと思われます）。

　以下に、生徒 A が書いた文章の一部を掲載します。

　図 11-1 のアドバイスを書いたのが生徒 A です（「梅ちゃん」＝ 生徒 A）。書くのに 2 〜 3 時間かかったそうです。これだけ長いひとまとまりの言葉を生みだせたことは、生徒 A のこれまでの生活の中ではなかなかないことでした。

悩み相談

Dさんの悩み
　自分は最近、他人と比較してしまうことがよくあります。
　勉強でもゲームでも、何かを始めれば、自分より上の人・自分が
持っていないものを持っている人と出会います。
　そのたびに悔しいと思いますが、それ以上、何もしないまま。そのまま、また同じように、
他人と自分を比較してしまいます。
　このループからどう抜け出せばいいでしょう？

<u>**アドバイス**</u>（ 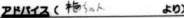 梅ちゃん　　　　　より）

他人と比較していると言う事はいい事ではないです。他人と比較していると言う事は
自分の事が好きではないと言うことでもあります。あなたにはあなたの良さがあります。
勉強でもゲームでも、何かを始めれば自分より上の人がいるのは当然だと思います。
プロスポーツ選手だって最初から何でも上手く行ったわけではありません。
練習を毎日やって努力をしてプロスポーツ選手になれた分けです。あなたの上の人
も何かしら努力をしたらあなたの上にいるわけです。勉強でも分からない問題
があったら家に帰って分からない問題を解くとかやってみると上の人に近づける
のでやってみてください。上の人がいるのだったら努力して近づくしか方法はないと思っている
のでがんばってください。どんな考え方でも行動しなければ何も起きません。ですので
努力・行動があなたのキーワードにとなります。少しでも上の人に近づけるようになるように
私は祈っています。がんばってください。

図 11-1. 生徒 A から相談者 D へのアドバイス

図の手書きの文字の部分を、次に示します（原文ママ）。

　『他人と比較していると言う事はいい事ではないです。他人と比較している
と言う事は自分の事が好きではないと言うことでもあります。あなたにはあな
たの良さがあります。勉強でもゲームでも、何かを始めれば自分より上の人が
いるのは当然だと思います。プロスポーツ選手だって最初から何でも上手く
行ったわけではありません。練習を毎日やって努力をしてプロスポーツ選手に
なれた分けです。あなたの上の人も何かしら努力をしたらあなたの上にいるわ
けです。勉強でも分からない問題があったら家に帰って分からない問題を解く
とかやってみると上の人に近づけるのでやってみてください。上の人がいるの
だったら努力して近づくしか方法はないと思っているのでがんばってくださ
い。どんな考え方でも行動しなければ何も起きません。ですので努力・行動が

あなたのキーワードにとなります。少しでも上の人に近づけるようになるように私は祈っています。がんばってください。』

生徒 A が書いたアドバイスにある「他人と比較していると言う事は自分の事が好きではないと言うことでもあります」や「あなたにはあなたの良さがあります」等の言葉は、本人が自覚できていたかどうかはわかりませんが、生徒 A 自身にも当てはまる言葉だと言えます。

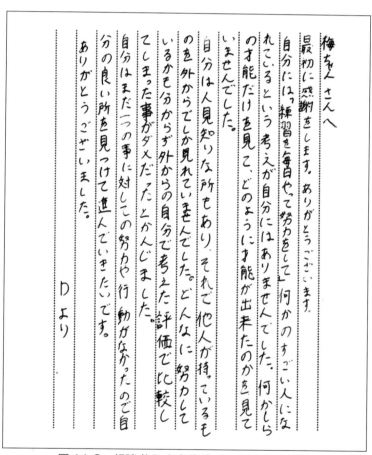

梅ちゃんさんへ

最初に感謝をします。ありがとうございます。

自分には"練習を毎日やって努力をして"何かのすごい人になれるという考えが自分にはありませんでした。何かしらの才能だけを見て、どのように才能が出来たのかを見ていませんでした。

自分は人見知りな所でもあり、それで他人が持っているものを外からでしか見れていませんでした。どんなに努力しているかも分からず外からの自分で考えた評価で比較してしまった事がダメだったとかんじました。

自分はまだ一つの事に対してこの努力や行動がなかったので自分の良い所を見つけて進んでいきたいです。

ありがとうございました。

D より

図 11-2. 相談者 D から生徒 A へのお礼の手紙

このように人にアドバイスをしてお礼の手紙を受け取ることを 2 回繰り返した後、生徒 A は自身の吃音の悩みを書きました。同年代の他者に向けて吃音の悩みを打ち明けたのは初めてのことでした。図 11-3 ～ 11-6 は、生徒 A へのアドバイスと、生徒 A が書いたお礼の手紙です（ここでは「シュウさん」＝ 生徒 A）。

悩み相談

シュウさんの悩み

　僕は、今、吃音症という病気に悩まされています。吃音というのは、人とおしゃべりする時に、しゃべろうとする第一声の言葉が出なかったり、同じ言葉を何回も言ってしまうことです。

　僕の仲のいい友達や、僕のことを生んでくれた親とも、うまくしゃべれません。何かうまくしゃべれるコツ?は、ありますか?

アドバイス(　　日向葵　　　より)

小学校から中学校まで同じクラスだった男子がいて.

その子も吃音症でシュウさんと同じなやみをかかえていました。

そこで私達がコミュニケーションをとるためにしたことをおしえます.

会話の時にノートや黒板を使って話したことがありました.

口に出さなくても気持ちなどが

伝わるんじゃないかなと思います.

私にとっては、ことばがパッと出る人も、出ない人も

同じように大切な友達です.

図 11-3. 他校の通級生(向日葵)から生徒Aへのアドバイス

日向葵さんへ

アドバイスありがとうございます.僕は吃音症を少しでも克服するためには、人と喋べると言う事しか思面に入ってませんでした.ですが日向さんが書いていたノートや黒板でコミュニケーションを取ったらいいんじゃないかと書いてあって色々なコミュニケーションの取り方があるんだなと思いました.コミュニケーションは人と口来で伝えるだけじゃなく色々な方法で伝わるんだなと改めて感じる事が出来ました.日向さんが言っていた黒板やノートを使って友達や親に会話をしようと思いました.

図 11-4. 生徒Aから他校の通級生(向日葵)へのお礼の手紙

悩み相談

シュウさんの悩み

　僕は、今、吃音症という病気に悩まされています。吃音というのは、人とおしゃべりする時に、しゃべろうとする第一声の言葉が出なかったり、同じ言葉を何回も言ってしまうことです。
　僕の仲のいい友達や、僕のことを生んでくれた親とも、うまくしゃべれません。
何かうまくしゃべれるコツ?は、ありますか?

アドバイス（　ぎんた😊　　　より）

　その、仲のいい友達は、きっと、シュウさんのことが好きだから、友達だから、仲よしなわけで、あたり前なのは吃音のことよりも、シュウさん自身の魅力のほうが、大きいから、だと思います。きっと、まわりの人は、シュウさんが思うほど、気にしていなくて、それよりも、仲良くなってみたい人が多いんじゃないかと思います。

図 11-5.　他校の通級生（ぎんた）から生徒 A へのアドバイス

ぎんたさんへ

　アドバイスありがとうございます。私は仲の良い友達と喋っていても時々吃音症を発症してしまいます。ですが吃音症の事よりも私の方が魅力があると書いてあってすごく嬉しかったです。私は吃音症の事は友達には言っていません。友達は私の話している事が分からない、普通の人だったらスラスラ喋れるこの感じで友達は私の事を魅力的に感じ友達になる一つの要因になったのではないか?と感じる事が出来ました。私は教室でみんなの前で発表する事が過去何度かあり、あることが吃音症発症してしまいました。恥ずかしくて顔を地面に向けましてもう一度顔を上げたらクラスのみんなは真剣に私の話を聞いていたので「私の思うほどみんな気にしていないな」と思ったのを思い出しました。ぎんたさんのおかげで吃音について前向きになれました。
ありがとうございます。

図 11-6.　生徒 A から他校の通級生（ぎんた）へのお礼の手紙

　生徒 A にとって、同年代の他者に吃音の悩みを打ち明けることができたのは初めてで、その思いを受けとめてもらった体験も初めてのことでした。信頼している担任の先生からの働きかけをもとにして、「思いが出せた→受けとめてもら

えた」という実感は、吃音のある自分を自分で受けとめて前に進んでいく第一歩のもとになったように思います。

　ここまで「悩み相談にこたえる」についてご紹介してきました。いくつかの書く活動の中からこれを取り上げたのは、「悩み相談にこたえる」がきっかけとなって（表面上の大きな変化はなくとも）内面の何か小さなスイッチが入る生徒が多いように感じられたからです。

　次に、書く活動の中からもう一つご紹介します。自分とは違うモノや人になりきって書く「なりきり作文シリーズ」です。

　自分の思いや考えを言葉で表現することは、実は大変難しいことです。それができなくて困っている生徒たちがたくさんいます。そのため、自分以外の何か（誰か）になりきって書く活動を取り入れています。自分のことだと言葉に詰まってしまう生徒でも、「他人事、ひとごと。無責任に書いたらいいよ」と言うと、肩の力が抜けて遊び感覚で書けるようです。図11-7は、生徒Aが書いた「なりきり作文シリーズ」の中の「未来予想図」です。これは、何か（誰か）になりきって書くことに慣れた時点で、「（　）年後の自分」になりきって書いてもらったものです。（次のページに活字に直したものを載せています。）

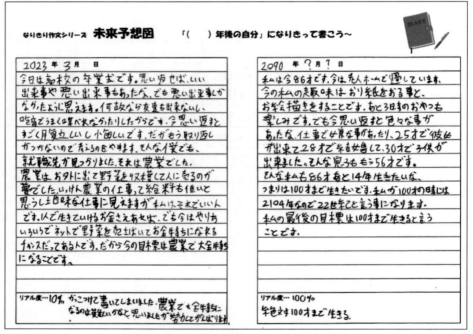

図11-7. 生徒Aが書いた「未来予想図」

　「未来予想図」は、フィクションの要素を多めにして書いても（嘘を書いても）オーケーという課題です。用紙の下段に「リアル度」という欄を設けていますが、「そうなっていたらいいな」「こうでありたい」という願いに近いほどリアル度は高くなり、フィクションの要素が多めの場合はリアル度が低くなります。何年後に設定するか、リアル度を高く（低く）書くかは、生徒自身で決めます。

　生徒Ａがこれを書いたのは、3年生の初め（生徒Ａの高校は4年制）で、先生や友達に自分から話しかけることが増えてきた頃でした。また、卒業後の進路として農業を考え始めた頃でした。左側の「リアル度」は10%、つまり9割はフィクション（嘘）です。「かっこつけて書い」た虚構の物語の中に、農業に興味はあるけれど経済的に不安、という本音が表れています。

　図11-7を活字に直したものを次に示します。

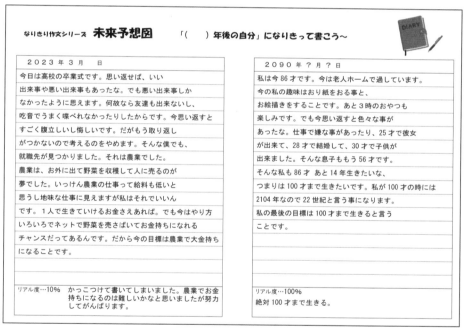

図11-8. 生徒Ａが書いた「未来予想図」（活字に直したもの）

　生徒Ａに限らず、将来のことをどう考えているか、なかなか説明できない生徒が多いです。先のことまで考えが及ばない、漠然とした思いはあるものの言語化が難しい、思いはあるけれど言いたくない等、理由は様々です。

　けれど、「将来の夢は？」と聞いても何も出てこない場合でも、嘘もオーケーのこの課題だと、具体的なエピソードまで交えて書くことができる場合が多いで

す。おもしろいことに、フィクションの中にその生徒の本音が垣間見えたりします。リアル度の欄のコメントとあわせて読むと、今の時点でのその生徒の考えが見えてきます。

　以上、生徒Ａが書いたものを見てきました。前述したように、生徒Ａの指導は担任の先生が行い、筆者が直接関わることはありませんでしたが、十分効果が見られました（ありのままの自分を徐々に受けいれられるようになってきた・自分からの発信が多くなった・周りの大人にとっては生徒理解が深まった）。このことから、生徒との信頼関係がある者であれば、だれが行っても効果が見込まれると考えられます。

5. 書くこと

　自分の思いや考えを表現する方法には、「話すこと」や、さらには言葉を使わないで表現するやり方もありますが、ここでは「書くこと」について述べてきました。「書くこと」ならではの特徴として、次のようなことが考えられます。

- ・とっさに言葉が出にくい生徒でも、書く場合はゆっくりと落ち着いて考えながら言語化することができる。自分の思いや考えにぴったり合う言葉を、時間をかけて探すことができる。
- ・書きながら、あるいは書いた後で、修正することができる。
- ・自分の中から出てきた言葉たちを見て、自分はこう思っていたんだと改めて知ることができる。
- ・書いたものは目で見て確認できるので、考えを整理したり深めたりしやすい。
- ・後から読み返すことができる。
- ・時間、空間を超えて他者と共有できる。

　このように「書くこと」には利点がある一方で、書くことに抵抗感を抱いている生徒も多くいます。書くことが苦手な生徒にとって、「自分が思っていることを自由に書こう」という課題は非常に負荷が大きいと考えられます。

　それに対して、先にご紹介した「悩み相談にこたえる」では、書く際の生徒の目線は相手に向けられます。自分を見つめる（自分の内に目を向ける）ことが苦手な生徒であっても、これなら抵抗感を感じなくてすみます。「なりきり作文シリーズ」では、「遊び感覚」「他人事」「無責任に書いてよい」「嘘でよい」と初めに理解させておくと、肩の力が抜けて気楽に書くことができるようになります。

また、「自由に書こう」と言われると何をどう書いてよいかわからずすくんでしまう生徒でも、興味を喚起される「お題」があることで思考のスイッチが入りやすくなります。

このように楽しみながら書くことに慣れていくうちに、だんだんと自分の思いや考えも出せるようになっていきます。

自分の思いや考えを言葉で表現することが苦手な生徒に対して、書くことならではの特徴を生かした活動を組んでいくことは、意義のあることだと思います。

また、特に話すことが苦手な生徒の場合、その生徒が物事をどのようにとらえているかをこちらが把握することは難しいものです。その点、書かれたものを読むことで生徒の思いや考えを知ることができます。

生徒Aのケースでは、生徒Aの中にこんなに言葉があったんだ、こんなに豊かな世界が広がっていたんだということに気づくことができました。それと同時に、生徒Aの物事のとらえ方で気になる点も知ることができました。たとえば、吃音を病気と表現した点や、農業に対する考え方が幼い点です。話し言葉だけのやりとりでは気づけなかったことかもしれません。生徒が書いたことについてその後丁寧に対応していけるのも、書く活動のメリットだと言えます。

6. おわりに

ここでご紹介した活動では、上手に書けるようになることは目標としていません。書くことはあくまでも手段です。「書く」という表現手段を介して、生徒と他校の通級生が／生徒と先生が対話をしていると言えます。また、遊び感覚とは言え、自分の中から言葉をつむぎ出す過程で、本人が気づかないうちに自然と自分自身とも対話を重ねています。生徒たちは対話を通じて、顔も名前も知らない他校の通級生を身近に感じ、担任の先生との関係性を深め、内なる自分と対話することで自分の気持ちや考えに気づくことができていきます。自分の中にあるもの（物語）が言葉となって表に出てくるのです（これが、冒頭で述べた「自分の中にある思いや考えを語る（言語化する）という意味ではストーリーテリングと言えなくもない」ということです）。

通級による指導の中で、書く活動の占める割合は多くはありません。けれども、書く活動（自分の思いや考えを綴る活動）がその時のその生徒のニーズにぴたりと当てはまった時、大きな効果を生むことを実感しています。

編者からのひとこと

　この章では「書きことばでのストーリーテリング」について書かれており、他の章にある「マルチセンソリー・ストーリーテリング」とは少し違っています。しかし、ストーリーテリングを用いた教育的対応を通して、生徒が人と人とのつながりを作り、自分の言葉で自分のことを語る（書く）ことができるようになるプロセスがわかり易く示されており、私たちが目指すものがこの章に記されています。

　著者は、一見すると、生徒が抵抗感を持つことなく「気付いたら書けている」ようになる魔法みたいな指導をしているようですが、この章を読むと、その背景には細やかな工夫が隠されていることがわかります。それと同時に、自分がこれまで無意識に抱いていた「支援の必要な生徒は書くのが苦手なはず」という思い込みも砕かれます。学校教育をある程度受けてきた生徒にとってみれば、「書く」ことはひらがなドリルからスタートする当たり前の行為で、作文等には少々の苦手意識を持っていたとしても、「話す」よりも抵抗が少ないという側面もあるのでしょう。著者が「5．書くこと」で述べているように、ゆっくり落ち着いて言語化できるなどの「書く」ことに利点があり、「話す」より「書く」方が語りやすい生徒がいることに気付かせてくれます。

第3部

あなたも語り手に！

第12章

始めてみよう
―言葉あそびとお薦めの小さいお話―

光藤　由美子、高野　美由紀

　いくつかの候補からお話を選ぶ時、聞き手が誰なのかを念頭において、好みや状態を考慮に入れることが大切です。聞き手の好きなものが登場するお話は喜んで聞こうとするでしょう。また、語り手である先生が好きで語りたいお話を選ぶと、子供たちに伝えたいという意欲が高くなり、自然な形で伝わりやすい工夫をすることにもなるでしょう。

（1）リズミカルな詩や言葉あそび（言葉の面白さに注意を向ける）

　リズミカルな詩や言葉あそびは、お話を聞くことへの入口に適しています。まだお話を理解できない乳幼児が言葉への興味を持つように働きかけるのと同じで、障害を持つ子供にもリズミカルな詩や言葉あそびを通して、言葉の面白さに気付かせることができます。そのためにここでは、「言葉を発する」「言葉をイメージする」「言葉を広げる」「言葉を積み上げる」の順に詳しく述べていきます。

1）言葉を発する

　『あたしのあ　あなたのア』は、詩人谷川俊太郎と俳優の波瀬満子が実践研究した過程が述べられ、障害児の発語の機能訓練の様子がよくわかります。「あ」に始まって、言葉があるという認識の獲得によって、自分と外界の区別ができることで、言葉の面白さだけにとどまらず、外界への関心にも広がっていくことを示唆しています。

　例えば、同じ「あ」でも、小さい声で体も小さくして「ちっちゃなあ」、大きな声で体を大きく広げて「おおきいあ」と発することで、言葉の違いを認識できます。「かなしい」「たのしい」「びっくり」「とぼけて」を表情つけて言うことで、感情表現に結び付きます。また、犬やうさぎなどの手袋人形を使って、子供の注意を引き付けながらすることもできます。その活用方法は、藤田浩子編著『おはなしおばさんのくるりん☆ふしぎことば』を参考にするとよいでしょう。

> **あ１**
> ちっちゃなあ　おおきいあ　あたしのあ　あなたの　ア！
> かなしい　あ　たのしい　あ　あたしの　あ　あなたの　ア！
> びっくり　あ　とぼけて　あ　あたしが　あ　あなたも　ア！
> いっしょに　あ　ひとりで　あ　あなたと　ア！
> かわりばんこに　あ　ア　あ　ア…

『あたしのあ　あなたのア』　谷川俊太郎・波瀬満子編　太郎次郎社エディタス

　次に障害児教育にも関わり、楽しい言葉遊びを届けているおはなしかご主催の大竹麗子作の言葉あそび例を紹介します。この言葉あそびは、文字数が４・４・５で整えられているので、１・１・２の拍子をとると口ずさみやすく、慣れてくるとそのリズムを速くすることもできます。

> あいうえ　大きな　オットセイ　　かきくけ　ころんだ　コアラさん
> さしすせ　そろった　ソーセイジ　たちつて　飛んでる　トンボさん
> なにぬね　野原の　のうさぎさん　はひふへ　ほいほい　ほいさっさ
> まみむめ　もこもこ　モグラさん　やいゆえ　呼んでる　ヨーグルト
> らりるれ　６７　　８９10　　わいうえ　お芋で　もうおしまい！　ん！

　おはなしかごの web ページ [18] には、他にも「あちこちあいうえお」などたくさんの言葉あそびを YouTube で、配信していますので、ご覧ください。

２）言葉をイメージする

　『小さなおはなし集２』『小さなおはなし集３』にある、春・夏・秋・冬の言葉あそびは、覚えやすいように、春であれば「はひふへほ」、夏は「なにぬねの」、秋は「あいうえお」、冬は「やいゆえよ」を使って、４・４（３）・５とリズムのある詩になっているので、次に何が来るか想像しやすく、一つの絵から季節の趣きなどをイメージしながら一緒に口ずさむことができます。

18　http://www.ohanashikago.com

> はるだよ　はるだよ　はひふへほ
> ・**はるかぜ**
> ・ひなぎく　咲きました
> ・ふわふわ　雲も　浮かんでる
> ・へびさん　へびさん　目をさませ
> ・ほらほら　はるが　やってきた
> はるだよ　はるだよ　は　ひ　ふ　へ　ほ

　　　　言葉あそび　春『小さなおはなし集2』P6　おはなしかご

3）言葉を広げる

　『それ　ほんとう？』松岡享子作には、初めに「あ」のつく言葉を使って、流れのある小さなお話があり、「あ」から「わ」に至るまで、奇想天外な話が作られています。「あ」のつく言葉をつなげていくことで、小さなお話に発展させているので、筋を追っていく楽しみが味わえます。

> あめりかうまれの　　　　ありのありすさんが
> あるあきの　　　　　　　あかるいあめのあさ
> あたらしい　　　　　　　あかいあまがさをさし
> ありあわせの　　　　　　あおいあまぐつをはき
> あつぼったい　　　　　　あめいろのあまがっぱをきて
> あるところを　　　　　　あるいていたら
> あいにく　　　　　　　　あしもとに　あながあいていた。
> 「あっ、あぶない！」と　あわてて
> あともどりしようとしたが　もうまにあわね。
> あれよあれよというまに　あしはすべって
> あおむけに　　　　　　　あなへとおちる（続く）

　　　　『それ　ほんとう？』松岡享子文・長新太絵　福音館書店

4）言葉を積み上げる

　マザー・グースの積み上げ話「ジャックが建てた家」は、「これはジャックが建てた家です」「これはジャックが建てた家にねかせてあった麹です」「これはジャックが建てた家にねかせてあった麹を食べたネズミです」と次々にいろんなものがつながっていくのですが、毎回初めから繰り返すので、復唱してもらうことができ、お話を覚える訓練にもなります。日本版では、『これはのみのぴこ』（谷

川俊太郎作，和田誠絵サンリード）『これはすいへいせん』（谷川俊太郎作，ツペラツペラ絵金の星社）などがあります。積み上げる方法を利用するとお話作りも簡単にできます。子供と一緒にお話作りをする例として、「わらぶき屋根の家」『おはなしおばさんの小道具』（藤田浩子編著，一声社）を参考にするといいでしょう。1枚の紙を八つ折にして8コマの小さな絵本を作り、子供に好きな絵を8枚描いてもらい、積み上げ話でつなげると楽しくお話作りができます。

This is the house that Jack built.

This is the malt that lay in the house that Jack built.

This is the rat that ate the malt that lay in the house that Jack built.

This is the cat that killed the rat that ate the malt that lay in the house that Jack built.

This is the dog that worried the cat that killed the rat that ate the malt that lay in the house that Jack built.

This is the cow with the crumpled horn, that tossed the dog that worried the cat that killed the rat that ate the malt that lay in the house that Jack built.

This is the maiden(girl) that milked the cow with the crumpled horn that tossed the dog that worried the cat that killed the rat that ate the malt that lay in the house that Jack built...

　　　"This is a house that Jack built"　参考『マザー・グースのうた』草思社

（2）はじめてみよう、小さいおはなし（語るだけならどれも3〜5分）

　ストーリーテリングを導入するというと、何だか大変なことに挑戦するような印象を受けてしまいますが、子供たちを楽しませるためにちょっとだけお話をしてみるということであれば、それ程ハードルは高くならないでしょう。まずは、ちょっとした活動の合間にできる短いお話から選んで、ジェスチャーやオノマトペを付けて、目の前にいる子供たちに語ってみましょう。いくつか語っていくと、語り手の先生も、聞き手の子供たちもストーリーテリングに慣れて、もっと語りたい、もっと聞きたいと、自然にお話を語る関係性ができていきます。

例1 「おおきなかぶ」The Great Big Enormous Turnip

おじいさん、おばあさん、孫、犬、ねこ、ねずみが登場しますので、家族や動物に関する語彙を増やすことにつながります。また、「大きい─小さい」などの対概念を学ぶ機会にもなります。「うんとこしょ、どっこいしょ」というフレーズは力を入れて「引っ張る」、その結果、かぶが抜けるということを学んでいきます。

また、登場人物を変える、動作をしながらフレーズを言う、引っ張る動作に紐を使うなどの工夫もできるでしょう。

例2 「おおきなねずみとちいさなねずみ」

おおきなねずみとちいさなねずみが穴から出てきて、クルミ（カリコリ）、ドーナツ（ボソボソ）、せんべい（パリポリ）、パン（モゴモゴ）を次々食べます。チュッチュクチュッチュクチュ、カリコリカリコリカリなど、口ずさみやすいオノマトペを含んでいるので、語り手のジェスチャーをまねて一緒に口ずさみ、参加してくれます。大、小の違いを声の大きさの違いで楽しんだり、紙や布でねずみを作って子供自ら演じたりもできます。

例3 「小鳥と虫」

小鳥と小鳥が餌にしようとする虫の話で、弱い立場の虫がなぞなぞを出して食べられることを回避します。小鳥は、空腹のままだけれども温かな気持ちで満たされます。「答えて答えて、この世で、一番○○なにおいはなあに？○○においのするものなあに？」を歌ったり、なぞなぞの答えを一緒に考えたりして、楽しむこともできます。

例4 「背が高くなりたいネズミの話」

背が高く、大きくなるには、どうすればいいか子供たちに問いかけながら、話をすすめていきます。食べる、寝る、運動することは、成長に大事なことであるという気付きにもなります。目の錯覚を利用した手品話で、参加してもらいながら進めるといいでしょう。

例5　「小さな子ガモ」The little duckling

　小さな子ガモはフラミンゴの長い足、クジャクの美しい羽根、タカの力強い翼に憧れますが、やっぱり泳ぐことのできる子ガモに満足します。

　小学校特別支援学級の5人の男子生徒に語った時、子ガモ、フラミンゴ、クジャク、タカの絵をまず見せて、特徴を理解してもらってから、何も見せずに語りました。そのあと、長い足、きれいな羽、立派な翼がほしい人は？と尋ね、長い足がほしい生徒には、「うわぁ、なんて長くて細い足なんだろう。ぼくもほしいなあ。」と言ってもらって、参加型で2回目を語りました。語り終えると、生徒自らどんな姿になるんだろう？と言って、黒板に絵を描き始めました。絵が得意な生徒が子ガモを描くと、次々に長い足、きれいな羽、立派な翼が描き加えられ、お話から、想像の絵を描くことに発展しました。お話を聞いて想像することで、より定着していく様子が見られました。

　また、授業についていけなくて暴れていた小学5年生の男の子の相談場面で語ったことや、特別支援学校での英語の授業でALTが語ったこともありました。シンプルなお話の中にも、自分は自分でいいんだというメッセージがあり、安らかな子供たちの顔が見られました。

例6　「友達を見つけた犬」Why Dog Lives with Man

　犬はどのようにして人間と住むようになったかという話です。吠えるという習性が、友達になろうとしたウサギ、オオカミ、クマに次々嫌われますが、最後に出会った人間は、吠えて番犬になってくれることを喜び、やっと犬に友達ができました。

　「ワンワン」「グーグー」のオノマトペで、聞き手も参加してもらえます。自分の持つ個性を嫌がる人もいるけれど喜んでくれる人もいるという安心感が、お話を通して得られます。

例7　「ねずみの嫁入り」The Mouse's Wedding

　ねずみの結婚相手にふさわしいのは誰かと探し、一番強い太陽のところへまず行きます。次に雲、風、壁、そして壁をかじるねずみが一番強いということになります。

相手によっては、簡単な太陽、雲、風、壁の絵を見せて語るといいでしょう。

例8 「ふしぎな三つの袋」

（用意するもの：色の違う三つの袋、それを入れる箱）

　ふしぎな袋を開けると、笑い、泣き、怒りの声が出て、その声で、泥棒を追い立てるという参加型のお話です。黄色の袋を開けると笑い声、水色の袋を開けると泣き声、赤色の袋を開けると怒りの声というように色と感情を結び付けます。お話を始める前に「黄色の袋を開けたら、ワッハッハと笑ってください」「水色の袋を開けたらエーン、エーンと泣いてください」「赤い袋を開けたら、プン、プン、プンと怒ってください」と言って練習します。

　目が不自由な子供たちにも応用できるように、黄色、水色、赤色のそれぞれの袋に、違う音がするもの—金属、鈴、どんぐりなどを数個入れて、音でも判別できるようにしておくといいでしょう。箱は、三つの袋が入る大きさで、宝物が入っていそうな箱が望ましいです。金色テープで箱の周りを囲むなど工夫を凝らすこともできます。

例9 「リンゴの木」The Apple Tree

　リンゴの木は、背の高いモミの木を見て、星まで届く姿に憧れます。そのうち元気がなくなり、3個しか実をつけません。庭師がリンゴの実を一つ横に切って、☆があることを見せて、人は自分の中にそれぞれ輝くものを持っていることを示します。リンゴの真ん中を横に切り、星の形（スターカット）を最後に見せるといいでしょう。

　「リンゴの木」というお話は、今の自分でいいのだということに気付ける「聞いてよかった！」と反響が大きい話で、学生にも人気があります。きっと、聞きたい、語りたいお話の一つになると思います。

題名・出典（あいうえお順）	特徴
1，『おおきなかぶ』絵本　福音館 The Great Big Enormous Turnip	言葉や表現力の向上、小さな力が役に立つ、協力。
2，おおきなねずみとちいさなねずみ『保育に活かすおはなしテクニック』　小学館	オノマトペの面白さ、大小の比較。
3，小鳥と虫 『末吉正子の語り　新しい日本の語り11』悠書館	小さな力、知恵、言葉の力、歌あり。
4，背が高くなりたいネズミの話 『おはなしの帽子—イギリスおはなしの旅』創風社	参加型、マジック話、目の錯覚。 **お話集に掲載**
5，小さな子ガモ The little duckling　*Storytelling with Children by Andrew Wright* (Oxford)	自己肯定、個性の違いを理解。 **お話集に掲載**
6，友達を見つけた犬 『むかし話ワールドへようこそ！』—声社 Why Dog Lives with Man　*Telling Tales* by Taffy Thomas	自己肯定、友達探し、参加型。
7，ねずみの嫁入り 『おはなしおばさんの小道具』—声社 The Mouse's Wedding	自己肯定。
8，ふしぎな三つの袋	笑い、泣き、怒りの感情の表現、ジェスチャー。 **お話集に掲載**
9，リンゴの木 The Apple Tree By Berit Godager	自己肯定。 **お話集に掲載**

第3部　あなたも語り手に！

参考文献

大竹麗子（2002）『小さな　おはなし集』（2）（3），おはなしかご.

谷川俊太郎・波瀬満子編（1999）『あたしのあ　あなたのア』太郎次郎社エディタス.

谷川俊太郎作（1979）『これはのみのピコ』サンリード.

谷川俊太郎作（2016）『これはすいへいせん』金の星社.

谷川俊太郎訳（1975）『マザーグースのうた』草思社.

はせみつこ編（2012）『しゃべる詩 あそぶ詩 聞こえる詩』冨山房.

藤田浩子編（1996）『おはなしおばさんの小道具』—声社.

藤田浩子編（2001）『おはなしおばさんのくるりん☆ふしぎことば』—声社.

松岡享子（2012）『それ　ほんとう？』福音館.

第13章

レパートリーを広げる
― 繰り返しのあるお話、障害理解につながる様々なお話 ―

光藤　由美子、高野　美由紀

1．繰り返しによって展開する昔話や創作

　　口伝えで語られてきた昔話は、繰り返しが多いのが特徴ですが、その特徴をうまく利用して楽しく遊びながら、お話の内容理解をすすめることができます。

　　教育の現場でのストーリーテリングは、お話の内容に応じた生きるために大切なことを学ぶ事にもつながります。クラスで語ると、お話を共に聞く・共に語るという経験から、仲間としての関係を築くことにもつながります。お話によって異なりますが、通して語ると7分から15分程度のお話が多く、事前の準備や練習を入れて、一コマあるいは数コマの授業で取り扱うことができます。

例　「雨を降らしたスズメ」

　　これは、はるか彼方にいる雨の女神に雨乞いの祈りを届けるというお話です。誰が行くかとの問いに、スズメが1番に、その次にハト、そしてハゲタカが名乗り出ます。そこで、スズメはハトの背に乗り、ハトはハゲタカの背に乗り、最初にハゲタカが力尽きるまで飛び、次にハトが飛び、ハトが飛べなくなった後にスズメが飛び、雨乞いの祈りを雨の女神に届けたというお話です。

　　ニコラが南アフリカでズールー族の語り手から聞いた話ですが、ニコラは平籠を売っていた、知的障害の妹がいる人に、聞いたばかりのその話を語り、「あなたの妹はスズメかもしれないわね」と言うと、「じゃ、母親はハトで僕はハゲタカだ」と答えたということです。少しずつの支えがあれば、障害のある子供にも夢を叶えることができるというメッセージにもなります。

例　「木の名前」The Name of the Tree

　　アフリカの代表的な話で、干ばつのため、飢えに苦しむ動物たちがみんなのた

めに使命を果たそうとします。おいしそうなくだものの木は、名前を知っている
ものしか、食べることができません。日本語訳されている絵本『ごちそうの木』
では、その名前を知っているのは亀で、動物たちが教えてもらおうと次々行きま
すが、帰ってくるまでに忘れてしまいます。アフリカに住む動物たちを紹介する
こともでき、また、動物を子供たちに考えてもらいながら、すすめることもでき
ます。

　The Name of the Tree はバンツー族の民話ですが、その木の名前を知ってい
るのは、動物の王様ライオンで、最後に挑戦して成功するのが、小さな亀となっ
ています。"What's the name of the tree?" が繰り返されるので、簡単な英語の
導入もできます。

> ## 例　「クマがりに行こう！」We're Going on a Bear Hunt

　体を動かす話。語り手はリズムよく語り、聞き手は、言葉と動作を真似ます。
膝をたたきながら、調子をとって、聞き手がうまく真似できるようにします。「ク
マがりに行こう！・・・ほら、見てごらん！・・・橋がある！」木の橋、あるい
は吊り橋だったら、どんなふうに渡るかを問いかけ、どんな橋か想像させて、橋
を渡る真似をします。沼、湖、森、洞穴、その場で子供が手足など動かすことの
できる動作をして、みんなで冒険ごっこのように楽しめるので、盛り上がります。
We're Going on a Bear Hunt 英語の絵本もありますので、英語をその場に応じて
少しずつ導入することもできます。

> ## 例　「三枚のお札」

　寺の和尚さんの言うことを聞かないで、小僧さんが裏山に行き、栗拾いに夢中
になるのですが、誘われて行った、やまんばの家で、栗をご馳走してもらって寝
てしまうと、それまでやさしかったやまんばは、鬼ばばになって小僧さんを食べ
ようとします。「便所に行きたい」と言って、逃げようとしますが、鬼ばばは、
小僧さんの腰に紐を巻いて行かせます。小僧さんは和尚さんからもらったお札を
投げて、山や川を創り出し、鬼ばばに追いかけられながら寺に戻ります。　和尚
さんは、鬼ばばと化け比べをし、唱え言葉で鬼ばばを豆粒の大きさにして、餅に
はさんで食べてしまいます。

　言うことを聞かないで窮地に陥るということは、子供にとってはあり得る体験

で、自分に置き換えて聞くことができ、心配そうに聞き入る子供の表情が見られます。和尚さんからのお札は困った時には大人の助けを借りることができることを示唆しています。保護されている安心感や唱え言葉の面白さなどがあります。

展開が速く、5-9才の子供は夢中になる話です。3年生の生徒から「三枚のお札は、風景が頭の中に見えたのでびっくりした」と感想がありました。昔話は、生活スタイルが変わってしまって、現代の子供には想像しにくいものもありますが、この話の中では、寺、栗拾い、山、川などが重要な舞台背景になっているので、子供がおはなしの世界に入り込みやすくなっています。また、雨だれの音や唱え言葉をリズムよくすることで、飽きさせないで聴き手を最後まで引っ張っていくことができます。

準備物の例、栗やどんぐりなど、栗拾い用の籠、紐、雨だれをイメージできる楽器、お札用に（かまぼこ）板、川をイメージできる水色の細長い布、山をイメージできるように椅子や机の上に布をかけるなど。準備物は子供の障害の程度によるので、それぞれで工夫することが大切です。

「タンツク　タンツク　こんぞうや、起きて　ばんばの　面（つうら）みれ」という表現が出てきますが、音楽的表現として楽しむところですので、「面（つうら）」がわからなくてもそのままの方が楽しめます。また、こぞうさんが夜中に目を覚まして「便所に行きたい」といいますが、便所がわからなければ、トイレと言ってもよいでしょう。

例　「ねずみ経」

ねずみの動きをお経にするという楽しいお話で、知らない間に泥棒を退治してしまうという滑稽さが笑いを誘います。夫を亡くしたおばあさんが、お経を教えてもらいたいと思っていたところ、道に迷った小僧さんを泊めてあげます。実のところ、この小僧さんは、お経を知らなかったのですが、家の片隅から出てきたねずみを見て、「おんちょろちょろ、でてこられそうろう」とお経らしく読みます。困った時危機を乗り越える工夫が楽しく、ねずみの動作をお経らしく読み上げる面白さが、幅広い年代に受けます。

「おんちょろちょろ○○○○」というフレーズは、子供がまねしやすく、お経にあまり縁のない子供でも、楽しく口ずさんでくれるので、聞き手に参加してもらいやすいお話です。

> **例**　「ミアッカどん」Mr. Miacca

　お母さんのいうことを聞かずに、行ってはいけない場所に行ってしまうトミーが、人食いの大男ミアッカどんに2度も連れ去られますが、生還してくるイギリスの昔話です。

　6分くらいの短いお話で、2度も窮地に追い込まれながらも、智恵を使って逃げ帰るのをハラハラしながら聞き、最後にホッとします。生き抜こうとする主人公のたくましさに誰もが応援してしまいます。言いつけが守れないトミーは発達障害のある子供の姿と重なるところもあり、知恵を使ってたくましく生きるところを学んでほしいと思います。

> **例**　「やまなしもぎ」

　三人兄弟の末っ子が冒険に成功するという、昔話の典型が見られるお話で、耳を澄まして聞くこと、思いやりや勇気がこの話のテーマになっています。小学校低学年には、ぜひ聞いてほしい昔話です。

　病気のおかあさんのために、山梨を取りに行きますが、太郎も次郎も「いくなっちゃ、かさかさ」となっている道に進み、沼の主に食べられてしまいます。太郎が食べられると、次に聞き手は次郎の立場になって、森の中を一緒に歩いて行きます。次郎も食べられると、三郎の立場になって、今度こそというような気持ちで聞きます。用心深く耳を澄まして「いけちゃ、かさかさ」となっている方の道を進みますと、聞き手の子供は、安心したような顔をし、安堵のため息をもらすときもあります。リズミカルな「いけちゃ、からから」「いけちゃ、とんとん」は、まさに、三郎の応援歌のようで、マラカスや足踏みで応援することもできます。

題名・出典・類話　（あいうえお順）	特徴
1. 雨を降らしたスズメ Sparrow brings rain by Nicola Grave	夢を叶える。協力することの大切さ。南アフリカの話。大、中、小。**お話集に掲載**
2. 石のスープ 『フランさんの語り5』藤田浩子編 『くぎのスープ』フェリシモ出版 『しあわせの石のスープ』フレーベル 『せかいいちおいしいスープ』岩波 Stone Soup by Nicola Grove	料理、楽しい話、歌あり。スープに入れるものを考える。 **お話集に掲載**

3.	うば捨て山 『子どもに語る日本の昔話2』こぐま社 『うばすて山』紙芝居　童心社	敬老の話、謎解き、知恵話、親子愛。
4	かしこいモリー 『子どもに語るイギリスの昔話』こぐま社 Molly Whuppie by Nicola Grove Molly Whuppie *English Fairy Tales* by Joseph Jacobs	勇敢な女の子、怖い話、ニコラの「モリー・ワッピィ」は、指ほどの小さい女の子として登場。**お話集に掲載**
5	木の名前 *The Name of the Tree*　バンツー族 『ごちそうの木』タンザニア　西村書店	自己肯定、のろま、小さい、粘り強さ、勇気、アフリカのいろいろな動物。
6	クマがりに行こう！ 『語ってあげてよ！子どもたちに』編書房 *We're Going on a Bear Hunt*	体を動かす話、勇気、冒険、言葉と動作、想像する楽しさ、リズム。
7	三枚のお札 『おはなしのろうそく5』東京子ども図書館 『さんまいのおふだ』絵本　福音館 『たべられたやまんば』紙芝居　童心社	秋にふさわしい怖い話。好奇心、知恵、保護されている安心感が最後にある。唱え言葉の面白さ。
8	仕立屋とおはなし 『おはなしの帽子—イギリスおはなしの旅』創風社 『おはなしおばさんの小道具』一声社 The King's Tailor *Taffy's Coat Tales* by Taffy Thomas	クイズ形式で進める、リサイクル話（コート、ジャケット、ベスト、帽子、蝶ネクタイ）、女性用ドレスもある。
9	ソーディサルレイタス Sody Saleratus（ふくらし粉）『フランと浩子おはなしの本第1集』一声社 『ついでにペロリ』東京子ども図書館 『はらぺこガズラー』絵本　ほるぷ出版	意外性、歌あり。 Big Hungry Bear! を一緒に。 デンマークの昔話 ノルウェーの作家
10	ねずみ経 『子どもに語る日本の昔話2』こぐま社 『おんちょろちょろ』絵本　福音館 『ねずみきょう』紙芝居　童心社	笑い話、困った時機転を利かす。 「おんちょろちょろ」の唱え言葉が面白い。
11	ミアッカどん 『イギリスとアイルランドの昔話』福音館 Mr. Miacca *English Fairy Tales* by Joseph Jacobs	困難を乗り越える、知恵を働かす、たくましさ。
12	『やまなしもぎ』絵本　福音館 なら梨とり『おはなしのろうそく6』東京子ども図書館	やまなし、秋の話、聞くことの大切さ。勇気、やさしさ。三兄弟の末っ子が活躍する典型的な昔話。リズムのある言葉が特徴。

2．障害や特徴を持っている主人公のお話

　お話にはいろいろな登場人物が出てきますが、主人公が障害を持っている、あるいは、障害を持っている可能性があるお話があります。ここでは、知的障害、身体障害、視覚障害、発達障害を持っていたと考えられる人たちが主人公の昔話や実話をもとにした話を取り上げています。個性ある登場人物が出てくるお話から勇気をもらったり、多様な人々の存在を理解し尊重し合う土壌を作ったりができるお話もあり、また自分との共通点から共感を促すこともできます。

　障害理解を促す絵本もたくさんあります。例えば、『ローラのすてきな耳』[19]『さっちゃんのまほうのて』[20]『なっちゃんの声』[21] も授業でよく紹介します。このような絵本は、障害特性や日常生活上の不便さを伝え、求められる支援を紹介するのに適しています。昔話と比べると、絵本を見る・読む・聞くことで科学的な情報をわかりやすく肯定的に理解していくことができることが利点と言えます。具体的にイメージしていくこと、身近なこととして考えることができます。

（1）耳が聞こえにくい障害の人のための話

　『ローラのすてきな耳』では、耳が聞こえにくいローラが、お友達との関わりや日常生活の中でどんな風に感じているかが優しいタッチで描かれています。また、補聴器をつけてから新しい世界が開かれていく様子や補聴器をあえて使わずに静けさを楽しむことができることにも触れています。聞こえにくさがある人の気持ちを理解するのに適しています。実際の聞こえにくい体験をしてみる、例えば、音を小さくした動画を見る、耳栓をして友達とお話をするという活動も組み込み、さらに、聞こえにくい体験をするだけではなく、どうしたら動画の内容を把握できるか、友達とコミュニケーションが取れるかを考えることで、支援の糸口を考えること、より理解を深めることができます。

19　『ローラのすてきな耳』はエルフィ・ネイセ作、エリーネ・ファンリンデハウゼ絵、久保田洋訳の絵本で、アサヒ学生新聞社から 2011 年に初版発行されています。

20　『さっちゃんのまほうのて』は生まれながらに右手指の無いさっちゃんと周りの人たちを描いた絵本で、以前から障害の理解を促す授業によく用いられています。たばたせいいち、先天性四肢障害児父母の会、のべあきこ、しざわよしこが共同制作し、1985 年に偕成社から出版されています。

21　『なっちゃんの声』は、元場面緘黙症の子供を持つ著者が周囲の人たちに場面緘黙症を伝えるために作った絵本で、医学解説もついています。はやしみこ作絵、金原洋治医学解説、かんもくねっと（Knet）監修で、2011 年に学苑社から出版されています。

（2）知的障害があると思われる主人公の昔話

　それに対して、昔から伝わっているお話では、ほとんどが障害を明確には示しておらず、おそらくは障害があると思われる主人公の楽しいお話が多くなります。仕事を頼んでも思ったようにはしてくれない馬鹿息子。してはいけないといわれても、ついついやってしまう子供。

　『馬鹿の鏡』の冒頭で、藤田浩子はおおらかに笑い合って、恥をかき合って生きていけばいいと思うと言っていますが、人の失敗を聞いて、気持ちが楽になることや、教訓にできることもあるでしょう。「挨拶」「ちゃくりがき」「ひとつおぼえの抜け作どん」「ものぐさジャック」などは、言われた言葉をそのまま覚えて、新しく出くわす場面に対応できず失敗する話で、ユーモラスな楽しさを共有できます。

　また、「だんごどっこいしょ」では忘れん坊の主人公が、忘れないようにと言葉を繰り返しながらお使いに行くところなど、主人公に親近感や共感が生まれ、笑いが生じます。それは、知的障害のある人たちのことを笑っているのではなく、人間なら誰しも失策・過失をおかすであろうし、また過去に失敗した自分自身に気付かされるからで、笑いはそうした共感そのものなのです。落語のまぬけ話や与太郎話から生まれる笑いはまさに共感を呼ぶからでしょう。

（3）障害がありながら、得意なこと・特技を生かす話

　「ひょっとこの由来」や「小石投げの名人タオカム」は、ハンディもありながら得意なことを伸ばして人の役に立つというお話で、障害者の苦手な面だけに注目するのではなく、長所や得意な側面もあり、伸ばしていける環境を考える機会にもなります。

　「小石投げの名人タオカム」の10歳の孤児タオカムは、両足が不自由で移動ができず他に遊びもなかったので、小石を弾き飛ばす遊びを始めます。村の子供たちの協力もあり、繰り返し練習するうちに上達し、バニアンという大木の葉っぱに動物の形を切り抜くことができるようになり、王様の目に留まります。王様はタオカムを御殿に連れて行き、頼みごとをしますが、見事にやり遂げたタオカムは、その後も御殿で幸せに暮らします。

　ラオスに伝わる肢体不自由である主人公のサクセスストーリーですが、お話の前にラオスの自然やゾウなどの動物を写真で紹介したり、的にめがけて小さな

ボールを当てる遊びをして楽しんだり、影絵で遊んだりしてから、お話をすると
イメージがしやすくなります。肢体不自由やICF（3章を参照）をテーマにした
授業でこのお話をして、その後にどのような支援があってタオカムが成功してい
くのかを考えてもらうこともありました。

　私たちは、お話の聞き手である子供たちが主人公のおおらかさやたくましさを
体験しながら多様性を認め合えるようになればと考えています。多様な子供がい
るグループでお話をする活動をして、その後にそれぞれのいいところ（自分のい
いところ、友達のいいところ）を考えて出し合うということにもチャレンジして
みてください。「ひょっとこの由来」でひょっとこに合った仕事は何か質問して
考えてもらうのも面白いでしょう。最近では見かけることが少ないひょっとこの
お面、火吹き棒、かまどの写真などを見せるとお話がイメージしやすいでしょう。
また、どんな仕事がいいか聞き手に考えてもらったり、クイズ形式にして参加型
にするとお話に入りやすくなります。

　「目の見えない男の話」は西アフリカの民話で、盲の男の人が主人公のお話です。
その男は目が全く見えないのですが、世の中のことをよくわかっていて、並外れ
た聴力や感覚を持っていました。村人たちは困った時に的確な助言をしてくれる
のでその男を頼りにしていました。その男の妹が、隣村の狩人に恋をして結婚す
ることになりましたが、狩人は、最初、目の見えない男を馬鹿にしていました。
けれども、一緒に過ごす中でその男の素晴らしさに気付いて尊敬するようになる
というお話です。青少年から大人向けの12、3分かかる、少し長めのお話ですが、
聞いた後に温かな気持ちになります。「耳で見て、心で聞いている」という最後
の言葉は、お話を聞き、語る場合の重要なヒントになる言葉です。

題名・出典	特徴
だんごどっこいしょ 『馬鹿の鏡』一声社	道で出会ったとき、葬儀、結婚、火事見舞いなどの挨拶の仕方を学ぶ。だんご、忘れん坊、楽しい話。
ちゃくりがき 『日本の昔話』	茶栗柿の物売り、茶栗柿ふの地域もある。
ひとつおぼえの抜け作どん 『二人語り・虎の巻』一声社	ひとつ覚えの失敗を繰り返す。
ものぐさジャック Lazy Jack 『イギリスとアイルランドの昔話』福音館 素直なジョージ Obedient George 『フランと浩子おはなしの本第2集』一声社	畑仕事、乳しぼり、チーズ作り、パン屋、肉屋、家畜番人の仕事。 "I'll do it another time." 「今度はそうするよ。」 筋はよく似ているが、現代の子供達の生活にあった話になっている。
ひょっとこの由来 『かたれ　やまんば　藤田浩子の語り番外編1』	得意なことを生かす。クイズ形式にもできる。 **お話集に掲載**
小石投げの名人タオカム 『子どもに語るアジアの昔話2』こぐま社	両親のいない、両足が不自由な子。特技を生かす、ラオス民話、大きな葉っぱに動物の形をくり抜く遊び。
目の見えない男の話 The Blind Man and the Hunter 『おはなしの帽子―イギリスおはなしの旅』創風社	「耳で見る」「心で聞く」という言葉が理解できる年齢に。西アフリカの民話。

語り関係の情報

- イギリス障害を持っている人のための語りグループ　Open Story Tellers
  https://www.openstorytellers.org.uk
- イギリス、ストーリーテリングの養成を行っている学校　Emerson College
  https://emerson.org.uk
- イギリス、ストーリーテリング協会　Society for Storytelling
  https://www.sfs.org.uk
- アジア語り手連盟 FEAST　Federation of Asian Storytellers
  https://www.feast-story.org
- NPO法人　語り手たちの会
  https://www.katarite.com
- NPO法人　全日本語りネットワーク
  http://www.japankatarinet.jp

第14章 お話のある心豊かな生活へ

光藤　由美子、高野　美由紀

　これまで、言葉あそびから始まって、短いお話や繰り返しのある様々なお話を見てきましたが、効果的な語り方には、どんな工夫をすればいいか一緒に考えていきましょう。授業のちょっとしたすきま時間に語るためにも、お話を使って授業の目当てをわかりやすく指導するためにも、お話の内容や特徴を生かすようにしたいものです。お話の持つ力をうまく使うことができれば、聞き手の子供たちがより楽しみ、効果的に学ぶことができるようになるでしょう。それは、お話のある心豊かな生活につながっていきます。

1．語り方を工夫する

　授業で用いるお話が決まったら、授業のねらいに合わせて調整していきます。まずは、子供たちが積極的な聴き手になること（アクティブ・リスニング）ができるようにします。そのためには、子供たちの注意を引き付けることができ、一部でも参加できる部分があることと、理解できる可能な工夫が求められます。お勧めするのはマルチセンソリー・ストーリーテリングで、ポイントとして、以下があげられます。

> マルチセンソリー・ストーリーテリングにするための語り方の工夫
> ・お話を編集する（言葉、話の筋、参加型・対話型）
> ・小道具や人形等を用意する
> ・ジェスチャーや声の出し方を考える

（1）お話を編集する（言葉、話の筋、参加型・対話型）

　口伝えで語られるお話はシンプルな言葉で、筋もわかりやすいのですが、今では耳から聞いた話をそのまま語ることはほとんどなくなってしまいました。そこ

で本や絵本から語る場合、少し複雑な表現になっている可能性もあり、言葉を修正する必要も出てきます。

　まず準備として、聞き手となる子供たちが言葉を理解できるかを考え、難しいと思われる言葉に下線を引くなどでチェックを入れていきます。そして、簡単な言葉・表現に変更するかどうかを吟味します。お話に出てくる表現がわかる方がお話を理解しやすくなりますが、聞き手はお話の太い筋を追っているので、全ての言葉がわからないといけないということではありません。

　お話によりますが、子供たちにとって登場人物が多くて混乱する、文章が冗長になっている可能性もあります。その場合には、登場人物を減らしたり、いくつかの場面を削除し本筋が明確になるようにしたりすることがあります。

　そして、子供たちが聞き手の役割の一部分を分担して参加できるようにしたり、また、聞き手に質問して答えてもらうなどの対話を取りながら進めたりして、一緒にストーリーテリングを作り上げていきます。お話の中のオノマトペや音楽的表現、登場人物の一人の役を担ってもらうなどが参加してもらいやすいでしょう。対話型としては、どれがいいかを子供に選んでもらう、クイズ形式で進めるという方法もあります。子供がお話に参加する度合いが多くなれば、より理解が深まり、お話が自分自身のものになり、やがて自ら語ることにもつながります。

　言葉・文章を口に出すことに抵抗がある場合は、無理に対話をしいるよりも、準備を手伝ってもらう、お話の中で小道具を持つ役を担ってもらうなどもいいでしょう。声を発するのが難しい場合は、ビッグマック（支援機器）を提示して押すなどもやってもらうのもいいでしょう。語り手の質問や働きかけに子供から反応があった場合に、どのような反応でも肯定的に解釈しようとする姿勢も大事です。

　以前、特別支援学校の授業を見学している時のことですが、「プルプル」というオノマトペがでてくる詩を学習する授業で主担当の先生が数名の子供たちに、一人ずつプルプルするゼリーを配っていました。すると、一人の子供は渡されたゼリーを手にして少し感触を確かめた後に投げてしまいました。さわり慣れないのでビックリしたのかもしれません。でも先生は、叱るのではなく「次のお友だちに渡してくれたんだね。」と声をかけていました。「食べ物を投げる」という問題となる行動であっても、お話の文脈にうまく位置づけて「配られたものをお友だちに渡す」のように意味付けすると、少しずつ適切な応答、表出ができるよう

になるでしょう。

（2）小道具や人形等を用意する

　多様な支援ニーズのある子供たちにお話をわかりやすく届けるために、様々な小道具等を精選して使い、多感覚でお話を楽しむようにします。

　変形自由な素材である色布、紙、棒、袋、紐などは、舞台背景として利用すると、イメージしやすくなります。水色の布は、川や海や空、赤い布は炎のイメージを子供たちと共有することにつながるでしょう。変形自由な素材は、小道具としてもいろいろに利用でき、質の違いによって利用が広がります。

　また、お手玉は、多様な使い方ができる優れものです。「お団子」にも「帽子」や「ねずみ」にも見立てることができます。裁縫が苦手でも2種類の布で簡単に作ることもできます。中に入れるもの、例えば、豆の大小、ボタン、綿、貝殻などによって、音や手触りなどに違いを出すこともできます。

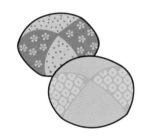

　効果音になるような簡単な楽器、笛やカスタネットやマラカスや太鼓なども用意できるといいかもしれません。子供たちに担当してもらうと、楽しめたり、担当するタイミングに注意を払うためによくお話を聞こうとしてくれたりします。身の回りにある素材で、イメージ作りの助けになるものを探して、思いつくアイデアを試し

てみてもいいですが、お話がメインであることを忘れないようにします。

　お話の主人公や登場人物をわかりやすくするために、ぬいぐるみや人形、絵など具体物を用意することがあります。

　子供の発達状態や何を意図するかによって取り扱いを変えていくことが大事です。気を付けたいのは、愛玩対象になりやすいぬいぐるみや人形等は最小限にすることです。お話から注意が逸れてお話に参加しにくくなることを防ぐためです。主人公を説明するためにぬいぐるみや人形を使う時には、お話を始める前だけにするのもいいでしょうし、他の登場人物は、必要なら小道具で、例えば王様なら（金紙で作った）冠で象徴するのがよいと思います。特に聞き手の子

供は、お話の主人公と一体化してお話を楽しみますので、人形等を使うかどうか、使うとすればどのような人形を使うか、充分に吟味をしましょう。

（3）ジェスチャーや声の出し方を考える

　シンプルなジェスチャーは、動作（歩く、食べる）や様子（長い、大きい）などの意味を伝えることができ、子供たちが言葉を理解するのに役立ちます。お話の中でも大事なところ、子供たちに伝えたいところに絞って使うようにします。

　語り手の顔の表情を使って、登場人物の心情を表すことも、子供がお話を理解することにつながります。日本人の多くは、一般的に控えめで、大げさな表情は苦手なようで、豊かな表情を出すことに難しさを感じる場合もあるでしょう。お話をしっかりと読み込んだうえで、無理のない範囲でするのが子供たちも安心してお話が聞けるのではないかと思います。

　聞こえる子供にも音声とともに部分的に手話を使ってお話をするのもわかりやすいと言われています。手話を併用したストーリーテリングは聞き手の語彙を増やすとも言われています（Mistry & Barnes, 2013）。チャレンジしてみる価値はあるでしょう。

　また言葉あそびや早口言葉などで、滑舌をよくすることは、欠かせません。そのうえで、何度もお話を声に出して読みながら、声の出し方をどのようにするとよいのか考えます。第3章の「ニュートラルと興奮のサイクル」のところで述べていますが、ナレーションでは穏やかに心地よく川が流れるように話をします。そして、興奮状態にいざなうところでは声のトーンを変え、声の音量を上げます。どの部分を大きな声で語るのか、間をとった方がいいところはどこかも声を出しながら考えていきます。基本的に、山場は大きな声になる場合が多いですが、間を置いて小さな声で話した方が子供たちの注意を引くことがあります。

　大きな体の動き、大げさな表情、大きな声を同時に使うと、かえってわかりにくくなることにも注意して、ジェスチャー、表情、声の出し方について、語られるお話に一番いいと思う方法を見つけていきましょう。

2．学びの可能性を考える

　語り方の工夫についていろいろ気を付けるべきことを述べてきましたが、まずは実践してみることが大切で、これまで述べてきたことを参考にしながら繰り返

し実践する中でやり方が身についてきます。一度だけの子供の反応で判断せず、ストーリーテリングには、以下に述べるような効果があることを押さえた上で、根気よく導入していきたいものです。「聞く力の向上」「言葉や表現を豊かにする」「お話を通して生きる力をつける」など、ストーリーテリングを通して子供の成長発達が見られることでしょう。

（1）聞く力の向上（アクティブ・リスニング）

しっかり聞くということが人とのコミュニケーションの原点になり、このマルチセンソリー・ストーリーテリングで最も重視することの一つです。お話では、聞き手が語りの繰り返し部分を担当することもありますが、聞き手も参加するように誘うことで繰り返しの言葉をしっかり逃さず聞こうとします。最初は難しくても何度かしていくうちに、自分の役割が来たところで合図を見てタイミングよく応じることができていきます。

（2）言葉や表現を豊かにする

聞き手の子供は、お話そのものが楽しければ、お話の世界の中で登場人物と共に様々なことを体験していきます。具体的なイメージを持って、楽しく、時にはドキドキハラハラしながら体験していくことにより、語られる言葉や表現とその経験が一致してきます。また、お話の中で言葉や表現を発する機会があれば、言葉の理解がより深まり、さらに豊かに発信していくことにもつながります。

（3）お話を通して生きる力をつける

お話の内容によって変わってきますが、生きる力につながる、次のようなことが期待できます。

・ありのままの自分を受け入れる（自己肯定感）
・人と協力する大切さに気付く（コミュニケーション能力）
・困難を乗り越えようとする（問題解決能力）

お話を自分の体験のように取り込むことができるのがストーリーテリングのよさです。経験の少ない子供たちにとっては、お話の世界の中での体験を増やして

いくことが、現実の世界を生きることの参考になるでしょう。お話の世界での体験が生きる力—ありのままの自分を受け入れ、人と協力し合い、困難を克服しようとする—となり、前向きで、心豊かな生活・人生につながっていくことを願ってやみません。

付　録

お　話　集

目　次

１．背が高くなりたいネズミの話
The mouse who wants to be bigger and taller

２．小さな子ガモ
The little duckling　　by Andrew Wright

３．ふしぎな三つの袋
The Three Wonderful Cloth Bags

４．リンゴの木
The Apple Tree　　by Berit Godager

５．雨を降らしたスズメ
Sparrow brings rain　　by Nicola Grove

６．ストーンスープ
Stone Soup retold　　by Nicola Grove

７．モリー・ワッピィ
Mollie Whuppie　　by Nicola Grove

８．ひょっとこの由来
Hyottoko retold　　by Nicola Grove

　８つのお話を日本語と英語で掲載していますが、対訳になっていません。日本のお話を英語に訳す場合、英語圏で理解しやすいように、また英語から日本語に訳す場合も語りやすいように、書き手に断りを得て変更・改作しています。ここに掲載しているお話は、書籍が手に入りにくいけれどもお薦めしたいお話です。この８つのお話は、そのままでもいいですが、聞き手の子供たちにあうように変えて語ってください。学校教育の内外で自由に語っていただければと思います。また実践したことをご報告いただければ幸いです。それを今後の活動に活かして、皆様とともに、お話のある心豊かな生活を築いていくことを願っています。

1．背が高くなりたいネズミの話

　あるところに、赤いネズミと、黄色のネズミがいました。
（赤いネズミを左手、黄色のネズミを右手に持ち、一匹ずつ見せ、同時に見せないようにします。）
　この二匹は、大きくなりたい、背が高くなりたいといつも思っていました。どうしたら、背が高くなるでしょう？
（問いかけて、例えば、「食べる？栄養あるものをいっぱい取る。」という反応があるとします。）
　赤いネズミは、好き嫌いせずにいろいろ食べました。すると、ほら、赤いネズミは、大きくなりました。
（赤いネズミの扇形カードを外側に持って、同時に並べて見せます。）
　黄色いネズミは、悔しがりました。食べ物以外で大きくなる方法は何かありませんか？
（問いかけて、例えば「運動する？ぴょんぴょん跳びあがる運動をする。」という反応があるとします。）
　黄色いネズミは、毎日、ぴょんぴょん跳びあがる運動を続けました。すると、ほら、黄色いネズミは、大きくなりました。
（ネズミカード二つを後ろに回し、右手と左手のネズミを入れ替えて出し、黄色のネズミの扇形カードを外側になるように持って見せます。）
　今度は、赤いネズミが悔しがりました。その他に大きくなる方法は何かありませんか？
（問いかけて、「寝る子は育つ。よく寝る。」という反応があるとします。）
　赤いネズミは寝て寝て、たっぷり寝ました。すると、ほら、赤いネズミは、大きくなりました。
（また、ネズミカード二つを後ろに回し、右手と左手のネズミを入れ替えて出し、赤いネズミの扇形カードを外側になるように持って見せます。）

　ところが、そのうち、黄色いネズミと、赤いネズミは、自分の方が大きいと言って、けんかになりました。「ぼくの方が大きいぞ！」「いや、ぼくだぞ」「ぼくの方だ！」

　そこで、背比べをしてみることになりました。

（カードをゆっくり合わせてみせます。）

　すると、赤いネズミも黄色いネズミも同じ大きさでした。

光藤由美子作

目の錯覚を利用したお話で、マジック話として、お話の初めや間にすると楽しい雰囲気が作れます。参加者に問いかけるとき、必ずしもこの順番にはならないですが、成長に欠かせない、「食べる」「運動する」「寝る」の三つは、たいていの場合答えてくれます。下の絵を見ているだけでは、わからないですが、少し離れて実際にしてみると、目の錯覚で大きく見えたり、小さく見えたりします。

『おはなしの帽子──イギリスおはなしの旅』
（光藤由美子著　創風社出版）の本には、付録で付いています。

The mouse who wants to be bigger and taller
（背が高くなりたいネズミの話）

This is a magic story of using a trick of the eye. It is fun and perfect for the beginning or the break of the Storytime, as it works like ice break or shaking off sleepiness.The responses are not like the following order all the time, but in the most cases these three of eating, exercise and sleep are given by the audience. It would be suitable for learning un optical illusion.

Once there were a red mouse and a yellow mouse and they were good friends.

(The red mouse card on the left hand, the yellow mouse card on the right hand, one by one is shown at a distance and not shown side by side.)

The two mice wished to be bigger and taller all the time. What would you do to become bigger and taller?

(For example, the response is "eating a lot.")

The red mouse ate nourishing food without being fussy.

Look! Which one is bigger? The red mouse became bigger and taller.

(The fan-shaped card of the red mouse is shown inside, putting the yellow mouse card side by side at the same time.)

The yellow mouse was frustrated. What would you do to become bigger and taller besides food?

("Exercise? Jumping?")

The yellow mouse did exercise of jumping every day.

Look! Which one is bigger? The yellow mouse became bigger and taller.

(At your back, replace the mouse in the right hand with the mouse in the left hand, and show the yellow mouse inside of the fan-shape.)

This time the red mouse was frustrated. What would you do to become bigger and taller besides food and exercise?

("Sleeping well, sleep brings up a child well.")

The red mouse slept and slept very well.

Look! Which one is bigger? The red mouse became bigger and taller.

(At your back, replace the mouse in the right hand with the mouse in the left hand, and show the red mouse inside of the fan-shape.)

Meanwhile the yellow mouse and the red mouse started quarreling and fighting. Each one said, "I am bigger." "No, you are not. I am certainly bigger." Then they began to compare heights.

(Slowly put the card over the other card.)

Then they are perfectly the same size and height. They came to be good friends again.

光藤由美子訳

２．小さな子ガモ

あるところに小さな子ガモがいました。その小さな子ガモは、よちよちと歩いていきました。すると、長くて細い足をもったフラミンゴがいました。

「うわぁ、なんて長くて細い足なんだろう。わたしもほしいなあ。お願い！」というと、あっという間に子ガモの足がフラミンゴの長くて細い足になりました。子ガモはその長くて細い足で歩いていきました。すると、きれいな羽をもったクジャクがいました。

「うわぁ、なんてきれいな羽なんだろう。わたしもほしいなあ。お願い！」というと、あっという間に子ガモのおしりにきれいなクジャクの羽がつきました。子ガモは、きれいな羽をゆらゆらさせながら、長くて細い足で歩いていきました。

すると、立派な翼をもったタカに会いました。
「うわぁ、なんて立派な翼なんだろう。わたしもほしいなあ。お願い！」というと、あっという間に子ガモの両脇に立派な翼がつきました。子ガモは、立派な翼を広げたり閉じたりしながら、きれいな羽をゆらゆらさせながら、長くて細い足で歩いていきました。

すると、子ガモの仲間が池で泳いでいました。
「わたしもおよぎたいなあ」と言って、子ガモは池に飛び込みました。けれども、

長くて細い足では、泳げません。クジャクの羽は、重すぎて沈んでいきます。タカの立派な翼も重すぎて沈んでいきます。

　「ゴボゴボ、子ガモの足がほしい」「ゴボゴボ、子ガモの羽がほしい」「ゴボゴボ、子ガモの翼がほしい！お願い！」

　すると、小さな子ガモはもとの子ガモの姿になって、泳ぐことができるようになりました。スイスイとても上手に、仲間と一緒に泳いでいきました。

Storytelling with Children by Andrew Wright（Oxford）
光藤由美子訳

The little duckling
（小さな子ガモ）

The little duckling sees a peacock.

"What a beautiful tail! I want a beautiful tail, too!"

Suddenly the little duckling has a big, beautiful peacock's tail!

The little duckling is very pleased.

The little duckling sees a flamingo.

"What beautiful legs! I want beautiful legs, too!"

Suddenly the little duckling has long, thin, pink legs!

The little duckling is very pleased.

The little duckling sees an eagle.

"What beautiful wings! I want beautiful wings, too!"

Suddenly the little duckling has big, brown wings!

The little duckling is very pleased.

The little duckling sees a cock.

"What a beautiful hat! I want a beautiful hat, too!"

Suddenly the little duckling has a big, red, handsome hat!

The little duckling is very pleased.

All the little duckling's friends swim in the river.

The little duckling says, "Stop! Wait for me!"

And he jumps into the water.

But his peacock's tail is very heavy.

His long, thin, pink legs cannot swim.

His handsome red hat is very heavy and he can't breathe.

"Glug! Glug! Glug!! I want a little duckling's tail, and a little duckling's legs and wings, and I don't want a hat!"

Suddenly the little duckling can swim. And he can swim very well. Soon he is with his friends.

Storytelling with Children by Andrew Wright （Oxford）

３．ふしぎな三つの袋

　昔、あるところに大変珍しいものを持っているお殿様がいました。そのお殿様は、朝に夕にお屋敷の蔵の中に何時間も入って遊んでいるのでした。その蔵の中には千両箱があって、その中に、色の違うふしぎな三つの袋が入っていました。赤い袋を開けると、怒り声が聞こえ、水色の袋を開けると泣き声が聞こえ、黄色の袋を開けると、笑い声が聞こえるのです。お殿様は、毎日毎日、このふしぎな袋を開けたり、閉じたりして、「これは楽しい」と喜んでいました。

　実は、ここに、三つのふしぎな袋を持ってきました。ちょっと皆さんに手伝ってもらいたいのです。赤い袋を開けたら、「プンプンプン」と怒ってください。水色の袋を開けたら、「えーん、えーん、えーん」と泣いてください。黄色の袋を開けたら、大きな声で笑ってください。「ワァハッハハ、ワァハッハハ、ワァハッハハ」

　いいですか？赤い袋を開けたら・・・？黄色の袋を開けたら・・・？水色の袋を開けたら・・・？

　お話の続きをしましょう。今日もお殿様は、色の違う三つの袋を千両箱から出して、遊んでいました。

　「赤色の袋を・・・パッ！」（子供たち「プンプンプン」）

「よし、よし！」

「水色の袋を・・・パッ！」（子供たち「えーん、えーん、えーん」）

「よし、よし！」

「黄色の袋を・・・パッ！」（子供たち「ワァハッハハ、ワァハッハハ、ワァハッハハ」）

「あ～、面白い！面白い！」

　殿様は、しばらく三つの袋を開けたり閉じたりして、遊んでいましたが、「今日は、これくらいにしておこう」と言って、三つの袋を千両箱の中にしまって、蔵から出て行きました。

　その夜、この殿様のお屋敷に泥棒が忍び込んできました。「殿様は、大変珍しい袋を持っているという噂だ。どんな袋だろう？袋には金銀宝石がいっぱい入っているに違いないぞ。」泥棒は、抜き足差し足忍び足で蔵の中に入って、あっちこっち探しました。そのうちに千両箱を見つけて、中から黄色の袋を取り出し、「はて、この袋かな？」と言って、パッと開けました。すると、笑い声が聞こえました。

（子供たち「ワァハッハハ、ワァハッハハ、ワァハッハハ」）

　泥棒は、びっくりして、大慌てで逃げていきました。「誰かが、おれを見て、笑いやがったな。大勢の笑い声がしたぞ。」

　その次の夜、泥棒は、またお殿様のお屋敷に行きました。「昨夜は、びっくりしたが、今夜こそ、うまくやって金銀宝石を見つけ出してやるぞ。」誰もいないのを確かめながら、蔵に入り、手探りで千両箱から、今度は、水色の袋を取り出しました。「この袋に違いない」と言って、パッと開けました。すると、泣き声が聞こえました。

（子供たち「えーん、えーん、えーん」）

　泥棒は、びっくりして、大慌てで逃げていきました。「大勢の泣き声がしたぞ。どこに隠れていたんだろう。誰もいなかったはずだけど。」

　その次の夜、泥棒は、「今度こそ、金銀宝石を見つけ出してやるぞ」と意気込んで、殿様のお屋敷に忍び込みました。誰もいないのを確かめながら、蔵にこっそり入りました。そして、今度は、赤い袋を取り出し、「この袋に違いない」と言って、パッと開けました。すると、怒り声が聞こえました。

（子供たち「プンプンプン、プンプンプン、プンプンプン」）

怒られた泥棒は、びっくり仰天！「もう悪いことはしません。ごめんなさい」
と言いながら、一目散に逃げていきました。こうして、殿様のふしぎな三つの袋
は盗まれずにすみました。

光藤由美子作

The Three Wonderful Cloth Bags
（ふしぎな三つの袋）

Once upon a time in a country there was a king, who had three special
bags that he kept in a treasure box. The one of the three bags was red,
the second yellow and the third blue. When the red one was open, angry
voices were heard "poum poum poum!!!" When the blue one was open,
crying voices were heard "ay-ay-ay." When the yellow one was open,
laughing voices – "ha-ha-ha" were heard. Day by day the king enjoyed
playing with these three bags – opening and closing them and listening to
the sounds.

*Actually I have the three wonderful bags with me here. Could you help me
everyone? When the red bag is open, please get angry and say, "poum
poum poum." When the blue bag is open, please cry and say, "ay-ay-ay."
When the yellow bag is open, please laugh in a big voice, "ha-ha-ha." (
Practise for a while)*

Let's go back to the story. The king was playing with the three bags, taking them out of the treasure box. The king opened the red bag. ("poum poum poum")

"Good!" said he.

He opened the blue bag! ("ay-ay-ay")

"Good! Good!"

He opened the yellow bag! ("ha-ha-ha")

"Good! Good! indeed. What fun!"

The king played opening and closing the three bags for a while. Then he said "Now I've finished" and put the three bags back into the treasure box and left the room.

A thief heard that the King had three special bags in a treasure box.

He said to himself, "The king seems to have some wonderful bags. What can they be? They must be full of precious treasure such as gold and silver."

He crept into the castle and began to search every room... Then he found the treasure box and took the yellow bag out and opened it. The big laughing voice was heard! ("ha-ha-ha")

The thief was shocked and fled out of the castle. He thought to himself, "I heard so many people laughing at me!"

The next night the thief said to himself, "last night I was surprised, but I will find out the gold and silver treasure this time for sure." He crept into the castle again and went to the treasure room, looking around to make sure nobody was there. He took out the blue bag and said, "it must be this one!" and opened it. The crying voice was heard. ("ay-ay-ay")

The thief was shocked and fled out once more. He thought to himself, "I heard so many people crying to me. Where were they hiding? I saw nobody there."

The following night the thief said to himself, "THIS time I am going to find out the gold and silver treasure." And again he crept into the castle, and went to the treasure room, looking around to make sure nobody was there. He took out the red bag and said, "it must be this one" and opened it.

Then the angry voices were heard. ("poum poum poum!!" "poum poum poum!!")

The thief was thunderstruck to hear the furious voices and ran away at full speed, saying "I am sorry. I will never do it again."

Thank you for your help. Those three wonderful bags were safe. If they have not been stolen, perhaps they are still there!

Translated by Yumiko Mitsudo and Nicola Grove

4．リンゴの木

　昔むかし、ある大きな庭園にリンゴの木が一本ありました。リンゴの木は、枝を四方八方に伸ばし、春には、あわいピンクの花をいっぱい咲かせました。夏には、緑色の実をたくさんつけ、秋には、おいしそうな赤になり、世話をしている庭師によって、収穫されました。けれども、リンゴの木は少しも幸せではありませんでした。その横に、背の高いよく茂ったモミの木がありました。

　このモミの木も、初めの頃は小さかったのですが、年ごとに背がどんどん伸びて、枝先は空に向かって、ぐんぐんと伸びていきました。まるで、星まで届いているかのようにリンゴの木には、見えました。リンゴの木は、モミの木のように大きくなりたい、星まで届きたいと強く願い続けました。けれども、いつまでたっても、その願いは叶えられませんでした。

　リンゴの木は、本当に悲しくなりました。春が来ても、花は数えるばかり、秋

になって、リンゴの実はたった三つしか、なりませんでした。世話している庭師がリンゴの木をながめ、両手をその幹に押し当て、鼓動を聞くかのように耳を木の幹につけ、木と会話をするのでした。

「一体、リンゴの木よ、どうしたと言うんだい。毎年春には、美しい花をいっぱい咲かせ、秋にはおいしいリンゴがたくさんとれたのに、今年はたった三つかい?」その庭師の深い嘆きに、リンゴの木は静かに答えました。

「モミの木のように、星に届くほど大きく、立派になりたいの。」

庭師は、その三つの赤いリンゴから一つをとり、言いました。

「私たちは、みんなそれぞれ違っているもんだよ。星に届かなくてもいいんだよ。だって、君自身の中に星を宿しているから。」

そして、ナイフを取り出すと、そのリンゴを縦ではなく、横半分に切りました。すると、そこに、誰にもはっきりと見えるきれいな星がありました。

誰でも、自分の中に、星を持っているものなのです。自分の中の星は、自分では見えないし、気付かないことも多いけれども、あるのです。自分自身の中の星を見つけて、輝かせてください。

光藤由美子訳

ノルウェー在住、癒しの語り手ベリットからもらった話です。この話をするとき、リンゴを真横半分に切ったものを用意しておいて、最後にそれを見せます。リンゴはたいてい縦半分に切るので、横半分に切ったときに見える星型には、ちょっとした驚きがあります。

The Apple Tree
(リンゴの木)

Once upon a time, in a huge garden, there was an apple tree and next to the apple tree was a tall, dark spruce. The spruce had also been small a long time ago, but each year it grew taller and taller, stretching the top towards the sky. To the apple tree standing next to the spruce, it looked like it was reaching all the way up to the stars.

The apple tree had spread the branches out into all directions and every spring it was covered with beautiful, white and pink flowers. In the summer the tree carried green apples and when autumn came it was full of delicious, red fruits, harvested by the gardener. But still, the apple-tree was not content with itself. Every day it kept wishing that it could be just as tall as the spruce, it had such a strong wish to reach all the way up to the stars!

And so it was that the apple tree started mourning. When spring came it had only a few flowers and in the autumn only three apples. When the gardener who looked after the garden came and saw this, he put both his hands on the trunk of the tree and asked: "What is the matter with you dear apple tree? You used to carry so much fruit and now you have only three apples!" A deep sigh went through the tree as it whispered "I wish so much to reach all the way up to the stars like the spruce and be as tall and beautiful as him."

The gardener smiled and picked one of the three red apples which the tree carried that year: "Do you not know that we are all different? You do not have to reach for the stars, because you carry a star inside yourself!" And he took his knife and cut the apple in two halves, – and there was the most perfect star anyone could see!

Everyone has such a star inside – you too – you only have to remember that it is there and let it shine!

Adapted by Berit Godager

5. 雨を降らしたスズメ

　ずっと、ずっと、むかーし昔の話、鳥も動物も人間も仲良く暮らしていたころのこと。雨が降らないで、日照りがながく長く続いたので、人々は雨乞いの祈りを始めました。

（音楽、ダンス、動作）

　しかし、はるかかなたにいる雨の女神には、届きません。木々や草地は、枯れ果て、食べるものもなく、鳥も動物も人間も、お腹が空いてたまりませんでした。

　人々の雨乞いに続き、動物たちも雨乞いを始めました。悲しそうな動物の鳴き声が大地に鳴り響きました。

（ゾウ、ライオン、オオカミ、動物の鳴き声）

　けれども、はるかかなたにいる雨の女神には届きません。木々や草地は、枯れ果て、食べるものもなく、鳥も動物も人間も、お腹が空いてたまりませんでした。

　そのとき、小さな鳥、スズメが言いました。「ぼくは空が飛べるから、雨の女神のところまで飛んでいって、雨を降らしてくれるように頼んでくるよ。」

　すると、みんなは言いました。「おまえのような小さい奴が、いくら空を飛べるからといって、天に住んでいる雨の女神のところまでは、行けないよ。」「ムリ！」「ムリ！」

　そのとき、ハトが言いました。「私がスズメを背中にのせてあげるわ。私が力尽きて飛べなくなったら、スズメさん、そのあと、私の背中から飛び立つのよ。」

　すると、みんなは言いました。「天は、果てしなく遠いぞ。スズメとハトだけじゃ、雨の女神まで届かないよ。」「ムリ！」「ムリ！」

　そのとき、ハゲタカが翼を大きく広げて言いました。「では、私がハトとスズメを背中にのせて飛ぼう」

　みんなは、もう何も言わず、ただ、ハゲタカの背中にハト、ハトの背中にスズメが乗って、飛び立つのを祈るように見守りました。ハゲタカは、天に向かって飛んでいきました。

　みんなも、応援しました。

（どのように応援するか？　参加者に聞く。声、ドラム、マラカスなど）

一日中飛び続け、ついに力が尽き果て、降りてきました。そのあと、ハトがスズメを乗せて飛び続け、ハトが力尽きると、そのあと、スズメが飛び続け、とうとう、天に住む雨の女神のところに行き、雨を降らしてもらうように頼みました。（雨の音）

こうして、何日も何か月も続いた日照りは、おさまって、乾いた大地は、雨の恵で蘇り、人々も動物も鳥たちも飢えから救われました。

南アフリカのズールー族の昔話より

ニコラ・グロウブによる「雨を降らしたスズメ」　光藤由美子訳

Sparrow brings rain
（雨を降らしたスズメ）

At a time of drought, the people's prayers cannot reach the rain goddess, who is too far away. Sparrow, dove and vulture volunteer to fly up to heaven. Vulture takes dove on his back, dove takes sparrow on her back. Half way up the vulture tires and drops down, dove carries on, but tires, and it is the tiny sparrow who successfully reaches Heaven and petitions the goddess, who responds with a shower of rain.

Traditional Zulu told by Muza Ntanzi

Notes: This is an example of a story about how people who are overlooked and undervalued can contribute to their community.

Directly after hearing this story I visited a museum, which was surrounded by craft stalls with all manner of enticing attractions. However, I had decided to be very frugal on this trip, and declared to my guide that I was not actually going to buy anything more. We were retracing our steps when my eye was caught by a set of flat woven dishes, reasonably priced. I couldn't resist, and chose one. I got into conversation with the stall holder, who asked me about the small charm hanging around my neck. This is a silver jigsaw piece, the logo of the Key Centre for children with autism – a kind gift after I had given a talk to the teachers. "What is autism?" he asked. I explained as best

I could. " I understand something of this" he said "because I have a sister who is mongoloid. She is twelve. She just sits at home all day. I think she should go to art school because she loves to draw. But my mother is not sure. What should I do?"

 I told him the story of the sparrow, and said at the end that I thought maybe his sister was the sparrow. He immediately responded "my mother is the dove and I am the vulture". With the right support, she can achieve what she wants.

Written by Nicola Grove

6．ストーンスープ

＊小道具を使った参加型のお話
準備物：布に包んだ石、大きな鍋、大きなスプーン、かつぐ袋、野菜いろいろ

　ある日、男の子が道を歩いていました。その男の子は、前を歩いている、おじいさんが背中に大きな荷物を背負っているのを見ました。とても大きかったので、何を持っているのだろうと思いました。

　男の子は尋ねました。「おじいさん、大きな荷物持って、どこ行くの？」
「隣村だよ。一緒にくるかい？」とやさしくおじいさんは言いました。それで、男の子はおじいさんと一緒に歩いて行きました。

　村に着くと、おじいさんは、村の広場に座り、荷物を広げ始めました。まず、鍋を取り出しました。それから、スプーンとナイフ、木切れ、マッチを取り出しました。そして、大事そうに、布で包んだストーンを取り出しました。

　おじいさんは、男の子に、それらの荷物を見ているように頼むと、鍋を持って井戸に行き、水を汲んできました。おじいさんは、小枝に火をつけると、その上に鍋を置きました。それから、包んだ布をほどいて、ストーンを鍋の中にそっと入れ、スプーンでかき回しました。男の子は、不思議そうに尋ねました。
「何をしているの？」
「ストーンスープを作っているのさ」とおじいさん。
「えっ、ストーンスープ？それ、おいしいの？」と男の子。

「ああ、世界で一番うンまーいスープだよ。」

　通りがかった、女の人がそれを聞いて、おじいさんに聞きました。

「こんなところで、何をしているの？」

「世界で一番うンまーいストーンスープを作っているんだけど、ちょっと、野菜が足りないなあ。」

「野菜なら、うちにあるから、持ってきてあげるよ。その代り、世界で一番うンまーいストーンスープとやらを食べさせてくれるかい？」

「もちろん、ごちそうするよ。」

　そこで、女の人は、家に帰って、ある野菜を持ってきました。

（参加者の一人に、あなたなら何を持ってくる？と聞く。玉ねぎと答えたとする。）

　おじいさんは、ナイフで玉ねぎを切ると、鍋の中にほうり込みました。男の子がスプーンでかき回しました。すると次々、村の人が見に来て、ついに野菜を持った村人の行列ができました。

（参加者数人にどんな野菜を入れるかを聞く。人参、ジャガイモ、ブロッコリー、なすび、オクラ、シイタケ、マイタケ、シメジ…。）

　色んな種類の野菜を鍋に入れました。男の子は、鍋をスプーンでかき回し続けました。

「もう野菜は充分だ。野菜の他に入れるといいものは？そうだなあ、肉、豆、塩、コショウなんかがあればいいなあ。」

（参加者に野菜以外に入れるものを聞く。）

「これで、世界で一番うンまーいストーンスープは、出来上がり！」おじいさんは、味見をして、「上出来だ！」と言って、舌鼓を打ちました。

　おじいさんは、お手伝いしてくれた男の子にスープを分けました。それから、村人にも、スープを分けました。

　村人は、「うーん、うンまーいね。世界で一番うンまーいストーンスープだ」と口々に言いました。

　　　　　　ニコラ・グロウブによる「ストーンスープ」から 光藤由美子の改作

Books are great places for finding stories, but··· Stories that are written down in books often use complicated language. Stories that are told orally are often much simpler. You do not have to use the story as it is written down. You can change it to suit your needs and the needs of your students.

Simple language works very well in stories - as long as you can communicate the meaning in the way you tell it! We will use Stone Soup to show how very simple language can be effective. Repetition and joining in really supports learning. Traditional stories use a lot of this.

Stone Soup
(ストーン・スープ)

A boy was walking down the road. He saw an old man in front of him. The old man had a pack on his back. The boy walked fast and joined him.

He asked "Where are you going?"
"I am going to the next village" said the old man.
"Can I go with you?" asked the boy.
"Yes you can" said the old man.

The boy and the old man went into the village. The old man sat down in the middle of the village. He sat down. He opened his pack. He took out a pot. He took out a spoon and a knife. He took out some sticks. He took out some matches. He took out a stone.

He went to the village well. He filled the pot with water. He lit the fire. He put the pot on the fire. He put the stone in the pot. He stirred the pot with the spoon.

"What are you doing?" asked the boy.

"I am making stone soup" said the old man.

"Stone soup? Is that good?" asked the boy.

"It is the best soup in the world!" said the old man.

A woman came past with a bag of onions. She stopped and asked:

"What are you doing?"

"We are making stone soup."

"Stone soup? Is that good?" asked the woman.

"It is the best soup in the world!" said the old man and the boy.

"Can I try some?" asked the woman.

The old man took out the spoon. He tasted the soup.

"It's good" he said "But not good enough to share. It needs... it needs...
It needs... an onion."

"I have an onion!" said the woman.

"Here you are" she gave the old man the onion. She sat down next to the
old man and the boy. The old man chopped up the onion. He put it in the
pot. He stirred the pot with the spoon.

Written by Nicola Grove

ここでは、単純なわかりやすい話し言葉で語ることを提案しており、例とし
て Stone Soup の話が途中まで書かれています。

7．モリー・ワッピィ

　むかしむかしあるところに、お父さんとお母さんと、ひとり、ふたり、三人の
娘が住んでいました。一番下の女の子はモリーといって、とっても小さい女の子
でした。お父さんとお母さんはモリーを見て、

　「おまえは大人になっても何もできっこないさ。だって、こんなにちっぽけな
んだから。」と言っていました。

でも、それは間違いでした。成長するにつれて、モリーがライオンのように強く勇敢な心を持っていることがわかったからです。それで二人の姉さんはモリーのことを鞭がしなる様子「ワッピィ」に例えて「モリー・ワッピィ」と呼ぶことにしました。

　さて、モリーの家は貧しくて、お金もとうとう無くなってしまいました。そして、お父さんとお母さんは娘たちに言いました。
　「もう食べるものもなくなったから、おまえたちはこの家から出ておいき。そして自分たちで生きていきなさい。」
娘三人は、家を出ていくことになりましたが、二人の姉さんは悲しくてシクシク泣き、不安でドキドキしました。でも、モリーは違います。
「これは、冒険よ！」
そういって、二人の姉さんを連れて王様のお城に行きました。

　お城に着くと、モリーは門をトントンと叩きました。門番はドアをギーッと開けてたずねました。
　「おまえはだれだ。何の用だ。」
　「私はモリー。私は姉さんを王子様と結婚させるために来ました。」
門番はビックリ仰天して三人を中に入れました。モリーは大きな屋敷の中をズンズン歩いて王様のところまで行きました。そして、うやうやしくお辞儀をして言いました。
　「王様、わたくしはモリーと申します。姉と王子様とを結婚させるためにここにやってまいりました。」
王様はのけぞって大声で笑いました。「ワッハッハ・・・・」
　「そいつぁ、面白い、モリー。」王様は言いました。「そうだ、この近くの山に、大男が住んでおる。大男は子どもをさらって食べる悪いやつで、この国の大事な宝物まで取っていった。もしも、お前がそこから刀を持って帰ってきたら、お前の一番上の姉さんとわしの一番上の息子を 結婚させてやろう。」

　モリーは山に出かけていきました。モリーは、髪の毛一本橋のところまで来ると、ピュピューッと一気に橋を走ってわたり、大男の家までやって来ました。モ

リーはドアからそうーっと入り、大男のベッドの下にこっそり忍び込みました。
そしてじっと待ちました。

夜になって、大男の足音が聞こえてきました。（ドシン、ドシン）

大男はドアを開けました。（ギーッ）

夕ご飯を食べました。（ズルッ、ズルッ）

ベッドにもぐりこみ（ヨイショ）

刀を枕元に置いて、眠りにつきました。（グオーッ、グオーッ）

付録

　モリーは這い出して、そうーっと刀に手を伸ばし、枕元から引っ張り出そうと
しました。ところが、刀を手に入れた丁度その時、カタカタ音がして、大男が目
を覚ましてしまいました。大男に追いかけられましたが、モリーは走って走って、
髪の毛一本橋を渡り切りました。

大男が「モリー、二度と来るなよ！」と叫びましたが、

モリーは「また来るわ、あと２回ね！」と答えて、すたこらさっさと逃げました。

　モリーは刀を王様に渡しました。王様はたいそう喜んで、一番上の王子とモリー
の一番上の姉さんを結婚させました。

　「よくやったぞ、モリー。」と王様は言いました。「今度は、大男の財布を取っ
てきたら、２番目の息子とお前の２番目の姉さんを結婚させてやろう。」

　モリーは山に出かけていきました。モリーは、髪の毛一本橋のところまで来る
と、ピュピューッと橋を一気に走ってわたり、大男の家までやって来ました。モ
リーはドアからそうーっと入り、ベッドの下にこっそり忍び込み、じっと待ちま
した。

夜になって、大男の足音が聞こえてきました。（ドシン、ドシン）

大男がドアを開けました。（ギーッ）

夕ご飯を食べました。（ズルッ、ズルッ）

ベッドにもぐりこむと（ヨイショ）

財布を枕元に置いて、そして、眠りにつきました。（グオーッ、グオーッ）

　モリーは這い出して、そうーっと財布に手を伸ばし、引っ張り出そうとしまし

た。財布を手に入れた丁度その時、ジャラジャラ音がして、大男が目を覚まして
しまいました。大男はモリーを追いかけました。でも、モリーは走って走って髪
の毛一本橋を渡り、逃げ切りました。

大男は「モリー、二度と来るなよ！」と叫びました。

モリーは「また来るわ、あと１回ね！」と答えました。

　モリーは奪った財布を王様に渡しました。王様はたいそう喜んで、２番目の王
子とモリーの２番目の姉さんを結婚させました。

　「よくやったぞ、モリー。」と王様は言いました。「今度は、大男の指輪を取っ
てきたら、お前と末の息子と結婚させてやる。」

　モリーは山に出かけていきました。モリーは、髪の毛一本橋をピュピューッと
走ってわたり、大男の家までやって来ました。モリーはドアからそうーっと入り、
ベッドの下にこっそり忍び込みました。そしてじっと待ちました。

夜になって、大男の足音が聞こえてきました。（ドシン、ドシン）

大男はドアを開けました。（ギーッ）

夕ご飯を食べました。（ズルッ、ズルッ）

ベッドにもぐりこみ（ヨイショ）

眠りにつきました。（グオーッ、グオーッ）

大男の大きな手はだらりと垂れ下がっていました。

　モリーは這い出して、そうーっと大男の大きな金の指輪を指から抜きました。
指輪を手に入れた丁度その時、な、な、なんと、大男が目を覚まし、モリーを大
きな手で捕まえてしまいました。

　「モリー」大男は言いました。

　「お前はおれの刀を取った。財布も取った。しかも今度は指輪まで取ろうとした。
もしお前が同じことをされたなら、どうしてくれよう？」

モリーはすぐに答えました。

　「袋を持ってきて、大きな鋏を入れて、その中に私を入れて、壁につるすわね。
そして山に行って大きな棒を探して、帰ってきて、その棒で袋を叩きのめすわ。

そしたら、鋏で私はバラバラに切り裂かれてしまうでしょう。」

「それはいい考えだ。」大男は言いました。「わしがお前にそうしてやる。」

大男は袋を取って、大きな鋏を入れ、モリーを袋の中に入れて、壁に袋を掛けました。そして、山に大きな棒を探しに行きました。

大男が山に出かけている間に、モリーは鋏を取り、袋に穴を開けて、袋の中から抜け出し、指輪を取って走って逃げました。大男は戻ってくると、空の袋が床の上にころがっているのを見て、モリーを捕まえようと追いかけました。でもモリーはなんとか無事に髪の毛一本橋を渡って逃げました。

大男は叫びました。「モリー、二度と来るなよ！」

モリーは答えました。「来ないわよ、もう二度と。」

モリーは王様に指輪を渡しました。王様はたいそう喜び、モリーと末の王子を結婚させました。そして、いつまでも幸せに暮らしましたとさ。おしまい。

ニコラ・グロウブによる「モリー・ワッピィ」高野美由紀訳

Mollie Whuppie
（モリー・ワッピー）

Once upon a time, a man and his wife had 1,2,3 daughters. The youngest was tiny tiny.

Her parents looked at her and said, "Oh dear. You will never be able to do anything."

But they were WRONG!

As little Mollie grew up, she showed she had the heart of a lion. And her sisters called her Mollie WHUPPIE!

The parents were very poor. They had no money. One day they said,

"There is no food. You girls will have to leave home and seek your fortune."

The girls waved goodbye and set off down the road. The two sisters were

167

crying and frightened. But Mollie said "This is an adventure!"

She led them straight to the King's palace. She knocked on the door.

The guard opened the door and said, "Who are you and what do you want?"

"I am Mollie Whuppie, and I have brought my sisters to marry the King's sons!"

The guard was so surprised, he let them in. Mollie marched into the great hall and up to the King's throne. She bowed very low and said,

"Hail, King. I have brought my sisters to marry your sons!"

The King threw back his head and laughed aloud.

"Well, Mollie" he said. "Let's see. In the forest nearby there lives a giant. He is very rich. If you can bring me his sword, I will marry your big sister to my eldest son."

Off went Mollie. She came to the bridge of one hair. She ran across and came to the giant's house. She slipped in through the door and hid under the giant's bed. Then she waited.

In the evening she heard the giant's footsteps. (thump, thump)

He opened the door. (creak)

He ate his supper. (slurp slurp)

He climbed into bed. (oof)

He put his sword under his pillow. And he went to sleep. (snore)

Mollie crept out and laid her hand on the sword. She started to pull it out. But just as she got it free, it gave a rattle. The giant woke up. He chased Mollie.

But Mollie ran across the bridge of one hair.

The giant called "Mollie Whuppie, Mollie Whuppie, never come again."

And Mollie called back

"Twice yet, giant, I'll come again."

She took the sword to the King. And the King was very happy and married his eldest son to Mollie's eldest sister.

"You've done very well, Mollie" said the King.

"Now, if you can fetch me the giant's purse, I will marry my second son to your second sister."

Off went Mollie. She came to the bridge of one hair. She ran across and came to the giant's house. She slipped in through the door and hid under the giant's bed. Then she waited.

In the evening she heard the giant's footsteps. (thump, thump)

He opened the door. (creak)

He ate his supper. (slurp slurp)

He climbed into bed. (oof)

He put his purse under his pillow. And he went to sleep. (snore)

Mollie crept out and laid her hand on the purse. She started to pull it out. But just as she got it free, it gave a jingle. The giant woke up. He chased Mollie. But Mollie ran across the bridge of one hair.

The giant called "Mollie Whuppie, Mollie Whuppie, never come again."

And Mollie called back

"Once yet, giant, I'll come again."

She took the purse to the King. And the King was very happy and married his second son to Mollie's second sister.

"You've done very well, Mollie" said the King.

"Now, if you can fetch me the giant's ring, you shall marry my youngest son."

Off went Mollie. She came to the bridge of one hair. She ran across and came to the giant's house. She slipped in through the door and hid under the giant's bed. Then she waited.

In the evening she heard the giant's footsteps. (thump, thump)

He opened the door. (creak)

He ate his supper. (slurp slurp)

He climbed into bed. (oof)

And he went to sleep. (snore)

His big hand was dangling down.

Mollie crept out and started to pull the giant's big golden ring. But just as she got it free, the giant woke up. And he grabbed Mollie in his big fist.

"Mollie!" he said.

"You've stolen my sword, you've stolen my purse, and now you are trying to steal my ring. If I had done this to you, what would YOU do with ME?"

Mollie answered him right back

"I would get a bag. I would put a big pair of scissors in the bag. Then I would put me in the bag. Then I would hang the bag on the wall. I would go to the forest and find a big stick. And then I would come back and hit the bag with the stick. And then the scissors would cut me to bits!"

"That's a very good idea" said the giant. And that's what I'm going to do with YOU".

He got a bag. He put a big pair of scissors in the bag. He put Mollie in the bag. He hung the bag on the wall. And he went to the forest to get a big stick.

But while he was gone, Mollie took the scissors. And she cut a hole in the bottom of the bag, climbed out, picked up the ring, and ran away.

When the giant came back, he saw the bag on the floor, and he chased after Mollie. But Mollie ran safely across the bridge of one hair.

The giant called "Mollie Whuppie, Mollie Whuppie, never come again."
And Mollie called back
"Nevermore, I'll come again."

She took the ring to the King. And the King was very happy and married Mollie to his youngest son. And they lived happily ever after.

retold by Nicola Grove

8. ひょっとこの由来 ―関西方言版―

　昔むかし、ある村に、気立てはいいんやけど少しあたまのおめでたい男がいたんやって。

　ある日、長者さんの家にやとわれたんやけど、何をやらしてもうまくいけへん。庭のそうじで、ほうきではくように言われて、ほうきを持って庭には出たもんの、どうやってほうきを使うかがわからへん。人がやってるのを見よう見まねで、ほうきを右へ左へ動かしてみた。ほんなら、ごみは集まるどころか、右へ左へ散らかってしもうた。

　お客さんが来るから、「だんごこうてきて」とお金を渡されて、店まで行ったはいいんやけど、だんご買わんと、だんご食うてきた。

　長者さんはほんまに困って、
　「そんなら、火吹き竹でも吹いてみい」といいました。
　そうしたらなんと、その吹き方のうまいこと、うまいこと。プープーとこっちから吹いて、また今度はプープーとこっちから吹きました。長者さんは、

「いや、お前には何のとりえもないと思うとったけど、吹き方はたいしたもんや。次は、ほんまに、かまどの前で火吹いてみい」
と言ったもので、その男は褒められて嬉しくて嬉しくてたまりませんでした。プープーと吹いて、また、プープーと吹いて、またプープーとまあ一日中吹いていたので、口がこんなにとがってしまいました。

その後もプープー吹き続け、こっちから吹く時は、こうやって吹くし、こっちから吹く時はこうやって吹くもんで、とうとう口もひん曲がって治らなくなってしまいました。

ずーっと火の前で働くのをみて、村人たちはその男のことを火男、「ひょっとこ」と呼ぶようになりました。

ひょっとこは、長者さんの家で最期まで勤め上げて、なくなりました。村人たちはひょっとこが死んだあと、火伏せの神様としてひょっとこのお面を作って、かまどの横にかけるようになったということです。こんでおしまい。
藤田浩子の『かたれ　やまんば　番外編』「ひょっとこの由来」を高野美由紀が改作

Hyottoko
(ひょっとこの話)

Once upon a time there was a boy who was not very clever.
He wanted to work and have a good job.

This is where I invite the children to suggest the jobs he did, and what went wrong so that he got sacked. For example, working in cafe, he loads up the tray and trips over, breaking all the china; or he keeps getting the orders wrong. The children can act these out for me in their groups.

He was feeling very sad. He wanted to help and do well for everyone, but he could not find what to do. He was walking sadly along when he passed the baker. The baker had a big oven in which he cooked all the bread for the village (in those days, not everyone had an oven) . The baker saw him and said "Boy, I have just burned myself. I must go to the doctor at once. But I need someone to keep the fire going. Can you do it for me? Just blow through this bamboo pipe, and watch so it does not go out?" Hyottoko said "I will try!"

And this one thing he did really really well! He kept the fire going to keep the house warm and the bread cooking.

When the baker came back, he gave Hyottoko the job! He looked after the stove all day long. In time, his lips were puckered, his face was blackened, but he did not give up.

The story spread. Masks of Hyottoko were made, and small images of him are placed by the hearth to protect the house from fire.

This is a great story because it tells us that people who are often thought not to be very good at things can achieve if we can find what works for them. And it puts that person right at the heart of our communities, keeping the fire of the spirit warm! I have altered this to make it into more of a story, with the baker rather than – as in the original– the rich employer.

retold by Nicola Grove
（斜体字箇所は Nicola による解説）

編著者紹介

有働　眞理子（うどう　まりこ）

兵庫教育大学名誉教授、専門は言語学、特に文法指導、知的障害者の対話促進。神戸大学大学院博士課程文化学研究科文化構造専攻単位取得満期退学。M.A. in Linguistics（University College London）。

主な著書・論文：「ことばの遅れと生得性」（『日本語の分析と言語類型』くろしお出版, 2004）、「言語学の知見を学校英語教育に活用するということ」（『最新言語理論を英語教育に活用する』開拓社, 2012）、『英語音声教育実践と音声学・音韻論』編著（ジアース教育新社, 2018）など。

高野　美由紀（たかの　みゆき）

兵庫教育大学特別支援教育専攻障害科学コース教授、専門は障害児医学、障害児との対話。京都府立医科大学医学部卒業。博士（医学）、小児科専門医。

主な著書・論文：『最新子ども保健』（日本小児医事出版社, 2017）、『新しい特別支援教育のかたち―インクルーシブ教育の実現に向けて―』（培風館, 2016）、「養護学校の教師発話に含まれるオノマトペの教育的効果」（『特殊教育学研究』, 2010）など。

光藤　由美子（みつどう　ゆみこ）

松山おはなしの会設立（1985年）・現会長、専門はストーリーテリング実践と指導。英国ニューカッスル大学大学院英文学科児童文学専攻修了、文学修士。

主な著書・論文：『私が歩いたイギリス―イギリス児童文学を通して』（人の森出版, 1992）、『おはなしの帽子―イギリスおはなしの旅』（創風社出版, 2012）、『タフィおじさんのおはなしコート』共訳（之潮, 2012）など。

執筆者一覧

編者

有働　眞理子	兵庫教育大学名誉教授	はじめに、第3章、第4章
高野　美由紀	兵庫教育大学教授	第2章、第3章、第5章、第12章、第13章、第14章
光藤　由美子	松山おはなしの会会長	第1章、第3章、第12章、第13章、第14章、お話集

著者

Nicola Grove	Associate Professor, University of East London	第3章
川浪　幸子	神戸市立高校通級担当教諭	第11章
武田　博子	相愛大学学生相談室学生相談員	第7章、第8章
林　奈津美	兵庫県立和田山特別支援学校教諭	第10章
光藤　百合子	兵庫教育大学大学院連合学校教育学研究科	第6章
箕浦　伸子	兵庫教育大学障害学生支援コーディネーター	第9章

見て、聞いて、触って、動いて

多感覚で楽しむストーリーテリング

－心豊かな学びと支援－

2023 年 11 月 4 日　初版第 1 刷発行

編　著　有働 眞理子・高野 美由紀・光藤 由美子
　　　　ストーリーテリングで特別支援 研究会
　　　　　E-mail：msst2023incl@gmail.com
　　　　　URL：https://www.msst-for-all.com
発行者　加藤 勝博
発行所　株式会社ジアース教育新社
　　　　〒 101-0054　東京都千代田区神田錦町 1-23 宗保第 2 ビル
　　　　Tel. 03-5282-7183
　　　　Fax. 03-5282-7892
　　　　E-mail：info@kyoikushinsha.co.jp
　　　　URL：https://www.kyoikushinsha.co.jp

表紙・本扉デザイン　福本 謹一
本文デザイン　株式会社彩流工房
印刷・製本　シナノ印刷株式会社
Printed in Japan
ISBN978-4-86371-670-4
○定価は表紙に表示してあります。
○乱丁・落丁はお取り替えいたします。
○著作権法上での例外を除き、本書を無断で複写複製（コピー）、転載すること
　を禁じます。